Cómo Salir del Anonimato

Tu Mensaje es Importante Editorial
Todos los derechos reservados
ISBN: 9798644539710

ÍNDICE

PRÓLOGO 5

CAPÍTULO 1. LA IMPORTANCIA DEL MARKETING PERSONAL EN LOS EMPRENDEDORES. **Por Marco Polo G.** 9

CAPÍTULO 2. MI EXPERIENCIA EN EL MARKETING DIGITAL ME AYUDO A SALIR DEL ANONIMATO. **Por Alonso Hernández** ...35

CAPÍTULO 3. COMO LOGRAR SER MÁS EFICIENTE. **Por Lic. Ramsés Rodríguez Ponce** 47

CAPÍTULO 4. ¿CÓMO HACER QUE COBRE VIDA TU MARCA PERSONAL Y SALIR DEL ANONIMATO? **Por Marisela García** ..81

CAPÍTULO 5. COMO OBTENER UNA ESTRATEGIA DIFERENTE Y LOGRAR RESULTADOS EN UN MERCADO CAMBIANTE. **Por Dr. Víctor Plaza** 95

CAPÍTULO 6. TU HISTORIA ES TU MEJOR ACTIVO. CUENTALA. **Por israel Moreno Durazo** 115

CAPÍTULO 7. LA IMPORTANCIA DEL MARKETING YOU EN MI VIDA.. **Por Rodolfo Franco Jara** 135

CAPÍTULO 8. COMO PASAR DE ESTILISTA EXITOSA A CONFERENCISTA EXITOSA. **Por Myriam Santana** 151

PRÓLOGO

Es mucho lo que he aprendido durante 20 años trabajando como analista, ejecutivo, empresario, consultor y dueño de agencia publicitaria en el mundo del marketing.

Sin duda el aprendizaje más valioso de todo este tiempo fue darme cuenta de que "todo lo que sabía" no me servirá para enfrentar los retos del mundo actual de los negocios.

Honestamente no fue nada fácil aceptar esta nueva realidad porque el precio que tuve que pagar todos estos años de aprendizaje fue muy grande, mucho más grande de lo que espera cuando tomé la decisión de especializarme en esta disciplina.

Tuve que invertir mucho dinero en capacitaciones, certificaciones, posgrados, maestrías. También tuve que invertir muchas horas lejos de mi familia trabajando en proyectos para los clientes o empresas en los que laboré.

Pero esa era la realidad a la que me enfrentaba hace 6 años, cuando tuve este descubrimiento que me gritaba que tenía que iniciar otro proceso de aprendizaje que sería más intenso, más demandante, más retador y con menos garantías de éxito que todo lo que anteriormente había vivido. Pese a todo esto, debo decirte que mi caso no es especial, sino algo completamente común, mucho más común de lo que pudieras llegar a pensar, porque es la misma situación a la que cualquier persona que actualmente tiene un negocio debe enfrentar.

Algunos no se han dado cuenta de ello, otros no lo creen, existe incluso quienes no lo quieren aceptar y preferirían sin duda alguna que todo siguiera como antes, sin tantos cambios tan rápidos que superan con creces nuestra capacidad de adaptación e implementación.

Pero este es el nuevo mundo en el que los emprendedores deben operar.

Uno de los cambios más radicales que descubrí en este proceso es el hecho de que las personas han dejado de comprar productos y marcas.

Si has leído bien, la gente común no cree en productos maravilla ni se involucra emocionalmente con las marcas de dichos productos por su seductora personalidad, las experiencias relevantes y el resto de las estupideces que la gente de marketing de las empresas desea que sucedan.

El perfil del cliente actual ha evolucionado para ser más selectivo, más evasivo y menos proclive a ser invadido por publicidad de productos y marcas que no le interesan y que por la misma razón no desea tener en su vida.

Hoy en día las personas "compran" a otras personas; personas a las que admiran, personas cuyo éxito desean modelar, personas de las que quieren aprender o con las que quieren estar en contacto porque comparten su visión, objetivos o valores.

Por estas razones hoy más que nunca antes en la historia de la humanidad; construir una marca personal es una necesidad imperante para cualquier persona que aspire a emprender.

Quien no quiera aceptar la realidad estará completamente fuera de la jugada.

Esa es la razón por la que he dedicado los últimos seis años de mi vida a especializarme en este tema. En primera instancia por necesidad de mi negocio y en segundo término porque son muchas las personas que carecen de esta habilidad tan necesaria como escasa en el emprendedor promedio.

Por eso este libro es de gran valor para ti, porque en su contenido vas a encontrar 8 visiones distintas, completamente realistas de personas que han empezado desde cero a construir su marca personal.

Personas con distintas profesiones, con distintas experiencias y distintos negocios que, gracias a la variedad de retos que enfrentan te permitirán ver a través de sus propias experiencias las oportunidades que este nuevo contexto trae para ti, y también lo que debes hacer para evitar caer en los errores que ellos han cometido.

Conozco personalmente a cada autor, conozco la naturaleza de sus emprendimientos porque he participado por lo menos en una etapa de su camino hacia las metas que se han fijado, por eso estoy completamente seguro de que te ayudarán a construir tu marca personal y de esta forma salir del anonimato que está matando a la mayoría de los negocios actuales.

Estoy seguro que cada minuto que inviertas en su lectura te dará un retorno favorable para tu desarrollo personal y empresarial.

¡Disfrútalo!

Mario Corona
Emprendedor Serial

Experiencias Reales de Emprendedores Latinos

CAPÍTULO 1.
LA IMPORTANCIA DEL MARKETING PERSONAL EN LOS EMPRENDEDORES.
Por Marco Polo G.

Experiencias Reales de Emprendedores Latinos

LA IMPORTANCIA DEL MARKETING PERSONAL EN LOS EMPRENDEDORES.

Por C.P. Marco Polo G / Emprendedor, Consultor de Negocios, Autor y Conferencista.

Hola que tal emprendedor antes de iniciar con el tema de mi colaboración en este libro quiero presentarme ante ti.

Me llamo Marco Polo cuento con estudios en Contaduría Pública y en distintas materias como Administración de Negocios, Marketing Personal, Marketing Digital, Diseño y Modelos de Negocios, PNL, Negocios e Inversiones por Internet entre otros. Antes iniciar en el mundo del emprendimiento trabajé como asesor y consultor en la Administración Pública en el área legislativa y económica del Gobierno de México, así como en distintos cargos del mismo. Además, me he desempeñado en la iniciativa privada como Contador Público y Consultor de Pymes.

En materia de emprendimiento he desarrollado negocios propios y cuento con más de 7 años de experiencia en esta materia, he impartido conferencias para miles de jóvenes en secundarias, preparatorias y universidades de México y en distintos ecosistemas de emprendedores.

Actualmente mi proyecto más importante es impactar la vida de más personas que no saben cómo emprender e invertir en un negocio digital a través de mi metodología **EMPRENDE CON PASIÓN** "**Cómo iniciar un negocio digital desde cero**".

Te invito a visitar mi página web y redes sociales:
https://linktr.ee/marcopolog

Ahora que ya conoces un poco más sobre mí, entremos en lo importante, en "La Importancia del Marketing Personal en los Emprendedores".

Desarrollar una marca personal hoy en día es vital para tu desarrollo personal, profesional y de negocios. Nadie que desee crecer debe dejar a un lado este aspecto importante, porque es un pilar fundamental para el éxito integral cómo seres humanos.

Años atrás no me había percatado de lo importante que era desarrollar una marca personal, pensaba que sólo era para personas que ya tenían un "éxito de grandes ligas" por así decirlo. Ahora que me he dado a la tarea de estudiar sobre el tema y aplicarlo, me doy cuenta que no importa si eres empleado en la administración pública o en la iniciativa privada, si trabajas por tu cuenta o eres un emprendedor o empresario con pequeños o grandes sistemas de negocio, desarrollar esto implica una obligación si se desean tener los resultados extraordinarios que todos anhelamos.

En esta participación te hablare desde mi experiencia al estar construyendo en los últimos meses día a día mi marca personal y cómo me ha beneficiado, y como estoy logrando esa visibilidad que tanto había anhelado para seguir haciendo negocios con otras personas y lo más importante para impactar la vida de muchas personas a través de mi expertise en los negocios.

Te hablaré porque es importante empezar a construir tu marca personal a partir de hoy, no importando tu situación actual, porque si no inicias hoy, entonces no iniciarás nunca. También te platicaré de la experiencia que he tenido y porque debes ser paciente en construir tu marca personal, es importante que entiendas que es un proceso y lleva tiempo.

Además, ahondaré en lo importante que es tener claro tu mensaje y como me ha funcionado a mí desde el principio a diferenciarme de mis colegas emprendedores.

Así mismo, mencionaré lo importante de estar generando contenido de valor alineado con tu mensaje y que tipo de herramientas y medios me han estado funcionando y los cuales podrías estar aplicando desde hoy.

También te platicaré los beneficios de consolidar tu marca personal, así como la gran satisfacción que obtendrás porque a través de ella podrás llegar a miles de personas a las cuales podrás servir con tu expertise, independientemente de a lo que te dediques.

¿Por qué es importante construir una marca personal?

Inicia hoy, no esperes más.

El problema principal al que muchos se enfrentan al querer iniciar la construcción de una marca personal es que en un principio se tiene poco conocimiento o ninguno de cómo hacerlo. Aparecen las preguntas ¿Cómo inicio? ¿Cuáles son los primeros pasos? ¿Qué contenido debo aportar?

En lo personal cuando aparecieron estás preguntas comencé a investigar sobre como iniciar, vi desde artículos en blogs, periódicos y revistas especializadas en marketing, videos de distintos expertos en YouTube, comencé asistir a conferencias sobre marketing, leí un par de libros sobre el tema hasta que decidí empezar a generar contenido muy básico y en forma intermitente en Facebook a través de una fan page para emprendedores.

Para ser honesto a pesar de que sabía que era importante, siempre dejaba para el último este tema, había días que me desaparecía de mi fan page, incluso ni siquiera tenía claro que era lo que deseaba comunicar.

Así pasó un año completo sin tener dirección ni rumbo en cuanto a la construcción de mi marca personal, hasta que conocí a un gran experto específicamente en esta materia y quién se ha convertido en uno de mis grandes mentores Mario Corona, del cual aprendí como iniciar la construcción de una marca personal y como consolidarla a través de su programa Marketing You.

Mario me enseño junto a otro grupo de emprendedores que lo más importante es tener claro el mensaje (tema que veremos más adelante) y cómo alinearlo a nuestro propósito de vida y lograr una comunicación efectiva desde el expertise y experiencia de cada uno.

Pero lo primero que aprendí es que, ya teniendo el mensaje claro, debes tomar acción y comenzar sin procrastinar. Y es que a mí en lo personal me detenía mucho el miedo a mostrarme ante una audiencia en donde era evidente que iban a existir las críticas y los señalamientos porque en mi círculo cercano de colegas y amigos emprendedores nadie estaba construyendo una marca personal, es decir, mostrarme como el primero en dar el paso y evidentemente afrontar todo esto.

Ya llevaba un año intentado hacer esto sin dirección y no de manera seria, pero a partir de la primera clase del programa Marketing You de Mario, tome la decisión de empezar con las herramientas que tenía en ese momento a pesar del miedo.

Durante un año me había detenido a generar contenido como vídeos o transmisiones en vivo en Facebook por miedo a ser criticado porque salir a cuadro me daba miedo, me aterrorizaba. Si bien es cierto ya tengo en mis horas de vuelo conferencias ante cientos de personas (otra de mis pasiones), el sólo hecho de pensar en hacer un vídeo me estresaba demasiado, pero comprendí que mi temor venía de que lo quería hacer todo perfecto y por ello sólo generaba imágenes con frases motivadoras en mis redes sociales y escribiendo en mi blog en mi página web.

Lo más importante que entendí hace unos meses (que fue cuando inicie la construcción de mi marca personal ya de manera seria) es que debes iniciar con los medios y las herramientas que tienes disponibles a tu alcance, no existen pretextos, es un hecho que al principio serás criticado, señalado y demás, pero también es un hecho que irás mejorando con el tiempo y eso también serás apreciado por tu audiencia, el ver cómo vas mejorando día a día. Así que no hay pretextos ¡empieza ya!

Sé paciente, porque lleva tiempo.

Cómo ya te mencioné, lo importante es tomar acción e iniciar con tu proceso de construcción de marca personal, pero algo que debes tener muy claro y en cuenta es que precisamente el proceso lleva tiempo.

Grandes marcas corporativas y personales no se hicieron de la noche a la mañana, tienen un proceso, el cual en ocasiones está expuesto a mucha exploración y experimentación, aquí quiero aclarar que tu mensaje deber ser claro, pero las formas de expresarlo pueden variar dependiendo al tipo de audiencia que desees impactar.

Construir una marca y lograr tener una gran audiencia implica recursos entre ellos el más importante el tiempo, pero no solo esto, sino también tendrás que invertir de manera paulatina dinero para mejorar tus habilidades y herramientas de comunicación y distribución de tu contenido.

Si bien es cierto que te recomiendo iniciar con lo que tienes a tu alcance, nunca debes permitirte no mejorar día a día. Esto además de exigirte a ti a hacerlo, tu audiencia irá siendo parte de ese proceso y lo cual te agradecerán porque verán en ti un ser inspirador para ellos y lograrás construir una de las autoridades que considero más importantes: si yo puedo, tú también.

Así que toma en cuenta esto, que los resultados de ser visible se van construyendo día a día, habrá momentos de júbilo y alegría, pero también ocasiones de tristeza y de sentirte estancado, aquí lo importante es no dejar de hacerlo, ser constantes y disciplinados para que en cualquier momento logres llevar tu mensaje y expertise a miles o incluso millones de personas no sólo en Latino América si no en todo el mundo.

Apóyate en la tecnología.

Hoy en día es mucho más fácil llegar a miles o millones de personas con tu mensaje, ya que gracias al internet y todas las herramientas que se derivan de él. La realidad es que en la era digital de la que todos somos parte, tenemos una marca personal. Y sólo basta con que utilicemos una o varias de las redes sociales, compartamos contenido (personal o profesional) podemos ser encontrados prácticamente por cualquier persona desde cualquiera de los buscadores que existen.

Entonces en lo personal creo que debes tomarte esto muy enserio y debes tomar la decisión de dirigir una marca personal hacia la dirección correcta, la que más te beneficie.

Tus atributos personales, tu verdadero yo, merecen una reputación dirigida por ti de forma constante, disciplinada, consistente y persistente.

Entonces llego el momento de comunicar el valor diferencial que te hace único, no lo dudes, hoy en día, acertada o desacertadamente, el valor de las personas se mide por su visibilidad y notoriedad en la red.

¿Cómo desarrollar tú marca personal?

Lo más importante: el mensaje.

Lo primero que debes tener en cuenta, es que todo parte del mensaje que deseas comunicar y este debe ser muy claro.

Creo en lo personal que es lo más importante que debes definir antes de comenzar con la construcción de tu marca personal.

Y para ello debes también tener en cuenta el tipo de audiencia a la que te vas a dirigir, debes determinar muy bien cuál es tu avatar ¿Y que es un avatar? El avatar es la caracterización ideal de un "cliente" o comprador de tu producto o servicio.

Es una representación de las personas a las que diriges tus productos y servicios y en los cuales te basas para crear tu estrategia de contenido (del cual hablaré más adelante). Su perfil abarca desde información demográfica como edad, ubicación e ingresos, hasta información psicográfica como intereses, razones para la compra, debilidades y hasta posibles preocupaciones.

Ahora que ya tienes claro tu mensaje y el público al cual te vas a dirigir, así como el objetivo que persigues y has realizado el diseño de lo que vas a comunicar, entonces debes de tomar la decisión de cuáles serán los medios y herramientas que vas a utilizar para hacer llegar tu mensaje.

Los canales no personales se dirigen a una gran cantidad de posibles clientes y aquí tienes a tu disposición tanto los medios de comunicación masiva (como televisión, radio, revistas, aplicaciones, página web, redes sociales, etc.), las relaciones públicas, los patrocinios de eventos especiales y mientras que con los canales personales se establece una comunicación directa entre tu público y tú, bien cara a cara o por otro medio que permita una comunicación más personalizada.

Abordaremos más en profundidad en este tema más adelante, así que hazte por ahora la siguiente pregunta ¿Cuál es mi mensaje?

Genera contenido imperfecto.

Ahora que tienes claridad con tu mensaje, viene la parte de desarrollar el contenido con el cual vas a trasmitir lo que has determinado.

Como te comentaba párrafos atrás el contenido que debes generar en un principio no debe ser perfecto. Debes tener claro que lo más importante qué es el valor que estas agregando a una audiencia y de manera paulatina irás mejorando. Todo el contenido saldrá de aquello que deseas comunicar y del cual eres experto, no tienes que hablar de cosas que no sabes o que desconoces, sino simplemente de aquello en lo cual trabajas todos los días y te apasiona.

La forma de transmitir el contenido es importante y debe ser desde distintas herramientas y medios.

Yo inicié con una fan page en Facebook publicando imágenes con temas relacionados al desarrollo humano, la motivación, emprendimiento y negocios. Pero cuando decidí hacerlo de manera seria, me di a la tarea de generar contenido constante a través de las siguientes herramientas y medios:

- **Blog.**

    Los artículos en un blog son para responder a dudas como: qué, cómo, por qué, que ayudan a resolver la fase de descubrimiento de un problema de un usuario, por ejemplo:

    - 10 consejos para triplicar tus ventas.
    - 3 tips para bajar de peso en tan solo 30 días sin dietas excesivas.
    - Sabes cuales son las 10 variedades de café más consumidas en México

Los tres son artículos que agregan valor y contenido, ya que se centran en explicar un tema de manera básica y global, para despertar el interés o ayudar a identificar una necesidad.

Tú debes generar artículos de acuerdo con tu expertise, para comenzarte a posicionar y a diferenciarte como el mejor en tu industria.

- **Infografías.**

    Son fáciles y rápidas de entender por su aspecto gráfico, son ideales para la etapa de educación de tu audiencia. En lo personal en estos últimos meses me han ayudado muchísimo a comunicar mi mensaje con mi audiencia.

- **Podcast.**

    Similar al blog, pero los podcasts tienen la ventaja de un consumo más relajado y hacen que el usuario permanezca más tiempo en contacto porque son audios que pueden escuchar en cualquier lugar, a cualquier hora y en el momento que deseen.

    De hecho, por ahora han sido poco aprovechados pero la tendencia es que en algunos años la mayoría de las personas centren su forma de obtener información valiosa a través de los Podcasts.

    Es por lo anterior que me anime a producir uno, lo tengo en distintas plataformas lo cual me permite llegar a miles de personas y así poder lograr conectar con las mismas y estar en constante comunicación con mi audiencia.

Ha sido una experiencia muy grata, lo inicié sin tener ningún tipo de experiencia y poco a poco lo he ido mejorando y lo cual me ha ayudado a conectar con más personas, Es algo que no debes desaprovechar, porque es a un costo muy bajo.

- **Newsletter.**

El newsletter es una herramienta de comunicación con un gran potencial de conversión y fidelización. Las marcas son capaces de impactar más veces a sus usuarios, manteniendo así un vínculo continuo con ellos a bajo costo.

Así mismo, el Newsletter es una herramienta perfecta para generar tráfico web. Esto puede estimular las ventas de tus productos o servicios, ya sea generando nuevos clientes o fidelizando a los antiguos. Ten en cuenta que el público que lo recibe ha mostrado previamente interés en el contenido y ha solicitado expresamente la recepción de este tipo de comunicaciones.

- **E-books.**

Aunque estos son más complejos de producir, son los responsables de iniciar una relación con el usuario porque son una gran herramienta de atracción. Se pueden producir a partir de contenidos ya publicados en el blog.

En mi caso, por ejemplo, fui invitado por mi mentor a ser coautor en este libro que se puede adquirir de manera digital e impresa y lo cuál ha sido un honor poder participar.

Así mismo, estoy por lanzar mi primer libro que surge de mi expertise como consultor de Pymes y como Emprendedor experto en iniciar negocios prácticamente desde cero. Y estará disponible de manera digital e impresa como este. Así que está herramienta de posicionamiento te la recomiendo mucho porque te dará autoridad en tu industria y además te posicionará como un experto.

- **Webinars.**

Se realizan con el fin de demostrar que el producto o servicio funcionan añadiendo valor en formato Master Class. La ventaja es que pueden ser grabados (una clase que pueden ver en cualquier momento).

Además de que se pueden resolver todas las dudas que tenga el prospecto calificado, así como también eliminar todas las objeciones existentes. Estos también pueden ayudarte a vender tu productos o servicios, siempre y cuando dejes en claro el llamado a la acción. Esto ya sería más que generar contenidos ya iniciar con procesos de venta.

- **Videos.**

Pueden ser desde videos muy básicos hasta editados y con la mejor calidad posible. Los que llaman la atención deben durar entre 1 a 3 minutos también conocidos como Nuggets.

También puedes grabar vídeos de mayor duración, pero con el fin de entregar valor sobre un tema en específico y así posicionarte como un experto en el tema, estos últimos suelen ser más producidos, los primero pueden considerarse como pequeñas capsulas que ayudan a generar cierto interés en ti y después en tus productos o servicios.

Estos son algunos de los medios y herramientas que me han ayudado a ser más visible para construir mi marca personal, habrá algunos que te funcionen mejor que otros eso es sin lugar a duda, pero lo importante es que siempre estés presente en la mente de tu audiencia en todo momento, ya que poco a poco te irán reconociendo como un experto en lo que haces y más si todos los días les estás entregando valor tanto para su desarrollo personal, profesional y de negocios.

No temas, sé tú mismo.

Otro punto muy importante que debemos considerar es que debes ir desarrollando tu propio estilo, sin imitar a nadie. Y probablemente esto parezca muy complicado como a mí me lo parecía en un principio, pero realmente no es así.

Todos admiramos y queremos ser como otros que ya tienen los resultados que tanto anhelamos. Desde mentores, líderes en la industria en la cual te desenvuelves, entre otros. Puedes comenzar modelando a alguno o a varios, pero lo importante e imprescindible es que durante ese proceso de construcción de tu marca personal "no dejes de ser tú mismo", es decir, no pierdas tu esencia ni tu calidad humana que te distingue.

Ahora que estoy desarrollando mi marca personal y en vías de consolidar la misma, me he puesto a observar detenidamente a otras personas que están construyendo su marca y realmente van en camino (si no es que ya lo son) en ser una copia de alguien de su industria.

En primera instancia todos debemos aprovechar algo esencial y es que todos somos diferentes, desde nuestro aspecto mental, emocional y físico con distintas habilidades y conocimientos. Todas nuestras características en conjunto nos hacen seres humanos diferentes y esto es precisamente lo que debemos aprovechar, que nadie es igual a nosotros.

Entonces si ya tienes el mensaje claro, pero aún no cuál es tu estilo, no te preocupes empieza modelando a quienes admiras, pero en ese camino ve redescubriéndote, conociéndote y aceptándote tal y como eres para que a partir de este punto puedas comenzar a tener tu propio estilo y lo mejor de todo es que no tendrás que dejar de ser tú en lo más esencial.

Por el contrario, esto se notará y realmente te diferenciará de los demás.

¿Cuáles son los beneficios de consolidar tu marca personal?

Tú satisfacción surgirá de servir y ayudar.

Uno de los principales beneficios que he obtenido de estar construyendo mi marca personal es lograr que mi mensaje este llegando a muchas personas y tener esa gran satisfacción todos los días de estar sirviendo y ayudando desde mi expertise, inclusive inspirando y motivando a que más personas creen negocios y tengan los resultados que tanto han estado buscando por años.

Y es que cuando era prácticamente "invisible" el impacto que tenía en mi entorno era nulo. Al no tener mi mensaje claro, ni el conocimiento de cómo comunicar, realmente llegaba a influir en muy pocas personas, incluso ni siquiera en las de mi entorno más cercano.

Actualmente estoy desarrollando un entrenamiento para todas aquellas personas que tengan el deseo de iniciar un negocio (sea este un negocio denominado tradicional o por internet) pero no tienen ni la más mínima idea de cuáles son los primeros pasos que tienen que dar y cuál es el rumbo que deben tomar.

Hace siete años cuando comencé a emprender mi primer negocio realmente no conté con la asesoría o mentoría de una persona que ya tuviera los resultados que yo anhelaba.

Realmente sólo tenía la experiencia de haber estado ayudando a otros emprendedores por medio de la consultoría, pero me habría ayudado bastante en aquel entonces tener alguien con este mensaje, conocimiento y expertise para poder lograr resultados más concretos y más rápidos. En aquel entonces mi expertise estaba más basado en conocimientos técnicos, no aportada más allá de esto, porque ya como emprendedor me di cuenta que se necesitaba más que el conocimiento técnico, sino que también es importante hacer negocios con lo que te apasiona y teniendo muy claro porque lo haces y cuál es tu propósito de vida.

Esto evidentemente me habría ayudado a lograr montar mi primer negocio por lo menos en 6 meses cuando me llevo más de un año. Y todo esto porque me di cuenta que tenía deficiencias en muchos aspectos que no veía cuando era consultor.

A que quiero llegar con esto, que en aquel entonces cuantas personas tenían ese mensaje, conocimiento, experiencia y expertise que yo necesitaba en esos momentos y por ser invisibles muchos emprendedores novatos y entre estos un servidor, no teníamos manera de saber de ellos ni mucho menos tener un acercamiento con ellos.

Es por ello que, al ser más consciente, mi deseo es dejar de ser invisible y llegar a miles o incluso millones de personas con el tiempo y poder hacer y lograr una transformación en sus vidas y sus negocios.

Esa es y seguirá siendo la mayor satisfacción de poder desarrollar, construir y consolidar mi marca personal.

Crecer como persona y profesional.

Otro aspecto que considero un gran beneficio de construir tu marca personal es que creces en lo personal como en lo profesional.

Es un hecho que no existen dos tipos de marketing, uno personal y otro de negocio, sino que es una integración de los mismos ya que es imposible mostrar dos caras al mismo tiempo.

A través de esta integración, mi experiencia ha sido satisfactoria ya que he logrado mejorar mis relaciones tanto personales como profesionales, así como comunicarme de manera más efectiva en ambos ámbitos.

Y es que como suele decirse, eres el reflejo de tu negocio. Entonces si no desarrollas una comunicación efectiva en tu vida personal, no esperes más en lo profesional.

En lo personal estoy abierto a relacionarme mejor, con más certeza y confianza con mi círculo más íntimo y cercano. Trato de dejar muy en claro la persona que soy, mis valores, mis cualidades, pero sobre todo lo importante que es para mí el expresarme de manera clara y oportuna.

En cuanto a lo profesional el estar construyendo mi marca personal me ha ayudado a conectarme con otros líderes con los cuáles empiezo a trabajar y a colaborar, un ejemplo claro es el haber recibido la invitación a colaborar en este proyecto, aportando mi granito de arena para que más emprendedores sean conscientes de la importancia del marketing personal.

También al ser más visible, personas se acercan a un servidor para proponerme proyectos, negocios e inversiones. Lo cual si ha sido de gran valor ya que me permite llevar mi mensaje a más emprendedores no sólo de América Latina sino de todo el mundo.

Saldrás del anonimato.

Antes no lo veía de esta manera, pero salir del anonimato me ha permitido llegar a miles de personas y con ello tener la posibilidad de poder ayudar y llegar a más gente.

Y es que, si no sales del anonimato, te vas a convertir en la persona más egoísta y ¿Por qué?

Porque muchas personas se están perdiendo de tu ayuda, en lo que tú eres experto y con lo cual podrías ayudarles a resolver sus problemas. Si te da miedo, pena o indiferencia, te estás perdiendo de tener la satisfacción más grande, la de vivir en propósito.

Así es que amigas y amigos emprendedores, atrévete a dar ese paso para comenzar hoy a crear tu marca personal, no esperes más. No importa que no todo este perfecto, irás mejorando en el proceso.

Quiero terminar mi colaboración en este libro agradeciendo a Dios y a la vida por permitirme tener entendimiento y estar viviendo en propósito, porque todos los días tengo claro mi "porque" y con el cual estoy sirviendo a los demás.

También quiero agradecer a mi mentor Mario Corona por invitarme a colaborar en este libro junto a mis compañeros. Mario bendiciones para ti y tu familia.

Por último, quiero dedicar esta colaboración a mis padres y a mi hermana, porque son ellos quienes me recuerdan mis "dos porqués". Ellos que son mi familia y mi pasión por ayudar y servir a los demás a través de mi experiencia y conocimiento.

Estoy para servirte y me encuentras a través de estos medios https://linktr.ee/marcopolog y en mi sitio web www.marcopolog.com y www.marcopolog.com.mx

CAPÍTULO 2.
MI EXPERIENCIA EN EL MARKETING DIGITAL ME AYUDO A SALIR DEL ANONIMATO.
Por Alonso Hernández

MI EXPERIENCIA EN EL MARKETING DIGITAL ME AYUDO A SALIR DEL ANONIMATO.

Por Alonso Hernández / Abogado, Coach, Consultor, Mentor y Conferencista. Especializado en Derechos Humanos principalmente en Seguridad Social.

UN PARTE AGUAS.

Mi zona de confort.

El día que conocí el marketing digital por conducto de mi amigo Mario Corona, fue un parte aguas en mi vida profesional, ya que antes de ese punto de mi vida yo pensaba que era una Abogado talentoso, conocido en el medio local (en Hermosillo principalmente y algunas ciudades del estado de Sonora), pues no me puedo quejar que he tenido éxito económico que me ha permitido vivir muy bien.

Mi primera inversión en Publicidad.

Sin embargo, yo sabía que ya estábamos en la era digital, que estar presente en las redes sociales era fundamental, por lo que me nació la inquietud de saber que como le hacen los que saben, y por cuestiones de mi entorno profesional conocí una empresa dedicada a la publicidad, de las denominadas agencias de publicidad, a quienes les contrate un periodo de cuatro meses publicidad en Facebook mediante una "fan page", pero conforme iba transcurriendo el tiempo me iba dando cuenta que ellos no entendían el concepto de mi negocio, pues la abogacía es compleja y sobre todo entenderlo como el giro de una empresa para alguien que puede tener conocimientos de publicidad y mercadotecnia pero no sobre temas jurídicos y de las problemáticas que sufren nuestros futuros clientes.

Momentos de reflexión sobre invertir en publicidad.

Una vez terminado el contrato con la empresa de publicidad, decidí no renovarlo, contrato que por cierto no era a plazo forzoso, pero decidí terminarlo por caballerosidad y por saber los resultados que me daría. No me puedo quejar, pues los dueños de dicha empresa son finísimas personas que hoy considero mis amigos, y gracias a esa publicidad percibí clientes con problemas que pude resolver de forma trascendental, sin embargo, algo me decía que no era suficiente, que algo no estaba haciendo de un cierto modo que me diera una satisfacción de transmitir mi mensaje como yo quería y enfocado al nicho o nichos de mercado que deseaba bienquistar.

DESCUBRI A MI MENTOR.

El concepto COACH.

Un día navegando en Facebook me puse a ver contenidos de diferentes temas con el común denominador del concepto "COACH", lo cual me sonó interesante en un principio, pero conforme iba conociendo más sobre el tema me empezó a dar desconfianza porque muchos aparentaban algo que en realidad no eran, hasta que me apareció entre ellos a mi amigo de la universidad de nombre Mario Corona, a quien le había perdido la pista desde que salió de la empresa de TELCEL y anduvo metido en la política.

Al ver el contenido de los videos y publicaciones de Mario me dio la sensación de que con independencia que lo conozco y en ese entonces tenía una imagen de él como una persona talentosa, que hablaba con honestidad, y por esa razón me hice seguidor de su página en Facebook.

Me di cuenta que he madurado.

El contenido de las publicaciones de Mario me sonaba muy familiar, ya que hablaba de técnicas y estrategias que yo en mis 20´s leí bastante contenido de libros, pero confieso que lo hice de una página web que se llamaba en aquel entonces "resumido.com", que si bien me gustaba mucho inclusive tenía el hábito de leer casi a diario porque mostraban la parte esencial de los libros de forma resumida, pero debido a mi inmadurez no entendí la manera de llevarlo a la práctica todo lo aprendido de forma óptima. Ahora a mis 40´s entendí qué puedo hacer muchas cosas que aprendo en los libros, sobre todo en los temas de auto dominio, superación personal, finanzas y sobre todo las cuestiones legales que constantemente están evolucionando.

Más preparación académica.

Derivado del sentido de competencia profesional, y de ver tanta publicidad de maestrías de diferentes universidades que se anuncian en las redes sociales, inclusive los mismos profesionistas de las redes sociales denominados COACHES mencionaban en ese entonces mucho la palabra maestría en esto o en lo otro, decidí en tomar una maestría presencial en la Universidad del Valle de México UVM campus Hermosillo, de Procuración, Administración de Justicia, y Litigación en Juicio Oral, la cual consiste en algo así como un súper abogado, que por cierto me gradué con mención honorífica.

Ahora mi interrogante era como decirles a mis prospectos que yo soy la mejor opción para atender sus necesidades o problemas legales, toda vez que en las universidades te enseñan las cuestiones técnicas, pero no te enseñan cómo venderte, menos en un entorno digital.

MI MOTIVACIÓN.

Entendí que uno es quien debe hacerse cargo de su imagen profesional.

En una ocasión, le escribí a mi amigo Mario Corona para decirle de mi admiración por su labor y felicitarlo, enterándome en ese momento que iba a regresar a Hermosillo ya que su esposa estaba esperando bebé. Entonces nos pusimos de acuerdo para vernos y ponernos al corriente.

A los días Mario estuvo en mi oficina platicamos y antes de despedirse me recomendó tres libros que me servirían mucho: PIENSE Y HAGASE RICO de Napoleón Hill, el cual ya había leído, LA CIENCIA DE HACERSE RICO de WALACE T. WATLES, y SECRETOS DE LA MENTE MILLONARIA de T. HARV ECKER.

Pero, además, me invito a un curso para Coaches de Marketing, curso que cambio totalmente mi perspectiva del negocio que he estado fraguando durante años para que sea mi proyecto de vida, pues hacía tiempo atrás que yo había decidido "quemar las naves", que es dedicarme a mi DESPACHO JURÍDICO.

Se trata de ser un creador y no un competidor.

Lo que aprendí en ese curso no tiene precio, además del aprendizaje de los libros que me recomendó Mario, y otros cursos que seguí tomando con él ya sea de forma presencial o en línea, además de ver el contenido de otros expertos en marketing digital le dio un giro a las forma de ver mi empresa, a la forma de proyectarme ante la localidad y sobre todo en el mundo, ya que mi enfoque en un inicio era únicamente ver la posibilidad de generar negocio en el estado de Sonora y preferentemente Hermosillo.

Pero gracias a lo aprendido entendí que el mundo es de todos, y que puedo ser el mejor si me propongo a ser diferente, para ser único en mi especie profesional, es decir, ser un creador y no un competidor, buscando generar confianza dando claridad en mis propuestas.

Marketing You del maestro Mario Corona.

Entendí durante este curso que me tomo algunos meses, que uno tiene que definir principalmente un enfoque de mis prospectos para el producto determinado, dar un mensaje con suficiente claridad, crear un contenido interesante, a su vez crear mi concepto como una marca, y establecer una relación con mis clientes que les genere una satisfacción.

Entonces día con día trato de llevar a la práctica lo aprendido en este curso, pues me ayudo a trascender profesionalmente.

Otra perspectiva de negocio.

Nuca voy a olvidar un comentario que me hizo Mario después de que le compartí que algún día me guitaría dar clases en una universidad, pero que no estaba seguro porque quitaba mucho tiempo y no era muy bien pagado, respondiéndome literalmente: ..."*olvídate de eso, tu competencia pueden ser tus propios clientes*"... explicándome que lo que yo se lo puedo enseñar a otros abogados.

Lo cual me abrió los ojos porque jamás se me había ocurrido que mis colegas abogados podrían ser mis propios clientes, ya que ahora entiendo que nadie nos enseña mucho menos en la carrera universitaria como vendernos en el entorno digital, pues en el plan de estudios de la Licenciatura de Derecho no existe una materia con ese nombre o afín, entonces entendí que podía desarrollar una idea para tener un producto que ofrecer a los abogados que no saben cómo diferenciarse del montón de abogados que existen en la localidad.

MIS RESULTADOS.

Lo difícil es empezar, pero una vez que empiezas no puedes parar.

Desde el mes de agosto de 2019 vencí la barrera del miedo y al qué dirán, para poder hacer contenido en publicaciones y poder educar a mis futuros prospectos, sobre todo con videos, lo cual a pesar de que soy abogado y tengo una preparación para debatir en público, pero además siendo un músico que está acostumbrado a los escenarios y que la gente este apreciando mi actuación, aun así, me costó algo de tiempo para tomar la decisión pero al final lo logre.

La sensación que tuve al empezar a grabar mi primer video nunca la olvidaré porque me sentía como dicen los gringos "excited", pues descubrí que eso era fácil y que sobre todo era para mí, que yo nací para eso.

Justamente ese día de mi primer video empezaron a trabajar todos los burócratas del País después de disfrutar de su periodo vacacional, y les dedique el video a un tema de suma importancia para cualquier trabajador que es su fondo de pensión.

Perfeccione mi proyecto.

Así fue como perfeccione mi proyecto de vida, es decir mi despacho que es mi empresa, con un enfoque en tres sectores definidos que son los BUROCRATAS de Sonora, los PENSIONADOS en Sonora, las EMPRESAS LOCALES, y al referirme a las empresas locales significa las que se encuentran en crecimiento por emprendedores de cada ciudad del mundo principalmente las de mi País MEXICO, porque desarrollé un producto que le denomine ARMONÍA LABORAL para evitar demandas.

Además, estoy trabajando en dar a conocer poco a poco la opción de la Justicia Alternativa a mis prospectos como una opción para resolver sus problemas jurídicos, derivado del colapso del Sistema Judicial en general.

Si bien yo ya era conocido en el mercado de servidores públicos y pensionados del estado de Sonora, y también por algunos empresarios de la ciudad de Hermosillo, Sonora, descubrí que tengo mucho que aportar a los emprendedores de mi País y en si a cualquier emprendedor que siente que no puede avanzar porque la carga laboral que tiene es muy pesada.

Mi nueva etapa profesional.

A los tres meses de empezar a generar contenido en mis redes sociales y mi página web, tuve una muestra de los beneficios de estar en un mundo globalizado, pues percibí mi primer cliente, de Cozumel Quintana Roo, un mes después, estoy dando una conferencia en dicha ciudad para una Asociación de Empresarias.

Esto gracias a mis conocimientos inteligentemente dirigidos por medio de mi página web y mis redes sociales.

Termino mi aportación de este libro, agradeciendo a Dios, por bendecirme y darme la sabiduría para emprender todos mis proyectos de vida.

A mis padres, por educarme en la Fe.

A mi Esposa e hijos, por amarme y apoyarme en mis proyectos incondicionalmente.

Y, además, a mi amigo y maestro Mario Corona por enseñarme como venderme en el entorno digital.

Espero haber dado mi testimonio con claridad de mi experiencia del cómo me ha servido este aprendizaje que voy comenzando y que nunca terminaré de aprender.

Se despide su amigo y servidor Lic. Alonso Hernández, Abogado Especialista en Seguridad Social.

www.alonsohernandez.info
Cédula Profesional 5169696.
Edificio Sonora,
Piso 2, Calle Pedro Moreno 24.
Oficina 32,
Col. Centro, Tel: 52 6622-592350,
Celular +52 1 662-1690884,
C.P. 83000, Hermosillo Sonora, México.

CAPÍTULO 3.
COMO LOGRAR SER MÁS EFICIENTE.
Por Lic. Ramsés Rodríguez Ponce

COMO LOGRAR SER MÁS EFICIENTE.

Por Lic. Ramsés Rodríguez Ponce / Nutriólogo Cuántico.

Como licenciado en Nutrición con maestría en Gastroenterología y Hepatología y enfocado en ayudar a las personas a lograr sus metas y objetivos, me he dado a la tarea de ser cada vez más efectivo, eficiente y eficaz en la forma de ayudar a las personas.

En este capítulo quiero compartirte una de las cosas que hoy en día tiene mucho valor y que aparte, es el punto clave para poder salir del anonimato al querer emprender cualquier negocio ya sea presencial o por internet; y estoy hablando de "la eficiencia".

La eficiencia es la capacidad para realizar o cumplir adecuadamente una función. Y hablo por mí, que en el curso de Marketing You®, tuvimos el entrenamiento para ser más eficientes, ya que la eficiencia en el trabajo diario que cada quien realiza es fundamental para poder salir del anonimato y poder tener un mensaje correcto y preciso para resolver los problemas y las dolencias que tienen las personas y que uno con su experiencia puede ayudar a quitar o resolver de la mejor manera.

Hay una estadística que dice que el 92% de los negocios o personas que quieren vender un producto o servicio no llegan a ver la luz (hablando de salir del anonimato y ser visto y reconocido) en un año.

Y si seguimos en la estadística, cada vez la competencia se hace mayor y por lo tanto hay menos probabilidades de poder ser visto y mucho menos de poder tener suficientes clientes para poder vivir mejor y vivir dentro del entendimiento de la Eficiencia.

Dentro de mi experiencia junto con mis coautores de éste tu libro para poder salir del anonimato, **viví 3 "saltos cuánticos"** en los principales problemas que tenía para dejar de ser anónimo para el mundo, y para poder lograr tocar más y más personas no solo en la ciudad donde vivo que es en Saltillo, Coahuila, México; si no, que se potenció hasta el punto donde tengo pacientes con cambios impresionantes y muy eficientes en Estados Unidos, Canadá, prácticamente todo México, Colombia, Venezuela, Perú, Argentina, Brasil, Chile, España y Australia.

Básicamente estas 3 problemáticas son la causal de que las personas no logren salir del anonimato pues hoy en día el tiempo que pasas investigando cualquier cosa que quieras conseguir, es más, y cada vez más, las personas están más informadas antes de tomar cualquier decisión de compra de productos o servicios.

Incluso, un video en cualquier red social, se ha visto últimamente que el tiempo que se tarda una persona en promedio es de 4.5 segundos. ¿Qué quiere decir eso? Que si no eres visto ni siquiera en 4.5 segundos y enganchas con tu cliente ideal, lamentablemente seguirás viviendo en el anonimato.

Es por eso que en este capítulo quiero compartirles los 3 puntos claves a trabajar y entender para poder ser más eficiente en lo que haces, y por lo tanto vivir mejor.

El primer error que cometen los emprendedores es no saber qué es lo más importante y por lo tanto ***no tener prioridades.***

El segundo error que comenten los emprendedores es no hacer simple y claro su mensaje o especialidad que quiera compartir o vender y por lo tanto no ***focalizar su atención***.

El tercer error que cometen los emprendedores es no irse adaptando cada momento y cada instante para hacer eficiente la forma de compartir, y hacer eficiente la atención de tus clientes ideales y por lo tanto ***no ejecutan la eficiencia***

Y lo podemos ver en las personas que son muy buenas cocinando y montan un restaurante y su prioridad es "la sazón" y olvidan otros detalles que sus clientes le dan valor como la presentación, el servicio, la rapidez, etc.

Aunque conozcan bien de una cosa, no saben sobre el negocio o simplemente darte a conocer entre tanta competencia que existe hoy en día. Empiezas tu oficina de abogados o arquitectos o incluso tu práctica médica, pero no sabes manejar el negocio, los números, flujo de caja, administrar, contratar, etc. y menos conocer de lo que es más importante para tus clientes y poder así tener mayor y mejor flujo de posibles clientes, darte a conocer y si enganchas con ellos, tener personas que te compren.

El lograr ser más eficiente hace que todo se vuelva más simple; así como observar a un futbolista profesional hacer una "gambeta", "sombrerito", "dribbling" o "jiribilla" y lograr superar la oposición del contrario sin que este le arrebate la pelota de una manera que se ve aparentemente fácil, no es tan sencillo, aunque sí muy simple.

Todo es a través de la eficiencia.

La eficiencia te permite tener la importancia de las cosas y poderla compartir de la mejor manera sin la necesidad de hablar de más ni tampoco pecar de "pichicato".

Ahora imagínate ser tú esa persona que con una simpleza puede hacer gambetas, dribblings y jiribillas impresionantes en todo lo que haces, para que las personas sepan que contigo tienen la solución a su problema y que ya seas una referencia en ese tema.

Hasta el punto de que las personas que te compren, se vuelvan los evangelizadores de tu marca personal y sean las mismas personas que te promuevan y ya ni siquiera necesites de publicidad pagada y poder dejar el anonimato y vivir mejor y de una manera más eficiente.

Quiero compartirte mi experiencia de como logré llegar a ser tan eficiente, que con menos tiempo logro lo mismo de siempre que es ayudar a las personas a lograr metas y objetivos de una manera más efectiva y eficiente a través del entendimiento de lo que uno se nutre en la vida y no solo a nivel alimenticio, sino también a nivel emocional, mental, social, económico y espiritual.

Realmente es resolviendo los 3 principales problemas de un emprendedor para dejar de ser anónimo que les compartí al principio de este capítulo.

Y el trabajo es:

1. **Determinar tus prioridades**
2. **Focalizar tu atención**
3. **Ejecución constante.**

1. DETERMINA TUS PRIORIDADES.

Todo es importante hasta que no pongas tus prioridades.

Es muy importante darle el valor correcto a cada cosa de tu vida ya que con frecuencia tenemos que hacer varias cosas o escoger entre diferentes personas y nos cuesta trabajo tomar esas decisiones, nos angustiamos porque no podemos elegir, sentimos que todo es importante o no queremos "quedar mal" con nadie.

Mientras más nos angustiamos o no se estresamos, más trabajo nos cuesta tomar una decisión.

Otras veces queremos o necesitamos hacer muchas cosas, pero no tenemos el tiempo necesario. Nos estresamos y nos preguntamos: **¿Qué hago primero y qué dejo de hacer, si todo es importante?**

En ocasiones nos cuesta trabajo establecer nuestras prioridades, porque tenemos un conflicto interno entre las cosas que queremos y las que sabemos que nos convienen.

Y uno de los errores más comunes que cometemos en nuestro marketing personal para poder dejar de estar en el anonimato es **confundir su propósito con el de simplemente tachar tareas** o conseguir hacer más cosas en menos tiempo.

Está demostrado que esta acción nos produce placer. Incluso es recomendable añadir tareas de bajo perfil o que necesiten menor enfoque o inversión de energía para ser resueltas. Con esto conseguimos liberar cierta cantidad de dopamina (conocida como la hormona de la felicidad) y ganar confianza.

Pero cuando no determinamos prioridades vamos actuando en modo reactivo, en función de las urgencias continuas que llegan a nuestra bandeja de entrada.

Al final del día nos encontramos con que, a pesar de haber tachado miles de tareas y haber disfrutado de ese pequeño momento de gloria cortoplacista, la sensación que nos queda es la de no saber si estamos avanzando con el rumbo adecuado para conseguir nuestro objetivo.

Por otro lado, al no haber establecido prioridades ni afrontado tareas adecuadas tendremos un montón de tareas ineludibles y urgentes llamando a nuestra puerta a cada siguiente jornada.

Y así no podemos salir del anonimato porque estaremos haciendo muchas cosas sin rumbo y sin razón conforme a lo más importante para ti.

Si tuvieses la libertad de hacer tu vida de nuevo, ¿qué sería lo que te gustaría cambiar? Y lo más difícil de contestar, **¿por qué razón no es una prioridad en tu vida?**

De seguro estas frases pueden ser familiares para ti:

*Estás demasiado mayor para hacer esas tonterías.

*Tienes que emplear tu tiempo en lo que realmente merece la pena. Y debes aprender a decir que NO.

*Deberías olvidarte de lo que te gusta y centrarte en lo que es útil.

*Es momento de que dejes de soñar y madures, ser más realista.

Por desgracia, seguro que hay alguna persona que te ha dicho esas frases. Y si no eres una persona que tiene una fuerte personalidad, lo más normal es que dudes sobre tus prioridades en la vida.

Las prioridades son variables, son aspectos que mueven nuestras acciones y que nos hacen ser quien somos. Para ello, hay que tenerlas "muy claras".

Cuando me di cuenta que para ser una persona poderosa y con mayor y mejor abundancia en la vida, debía tener muy claras mis prioridades, fue gracias a un muy buen amigo Mario Corona en su curso de Marketing You®, donde ayuda a personas a encontrar sus prioridades y mejorar su vida sin tener que utilizar terapias complicadas, sino solo un método.

Y le sumé mi experiencia en la eficiencia de la terapia de Cuantic Nutrition y fue como desde ese día veo que soy más productivo, tengo todo mucho más claro y por lo tanto tiene una efectividad en mi vida, que me permite hacer muchas más cosas en menor tiempo enfocándome en lo más importante.

Para determinar tus prioridades primero piensa en lo que haces cada día.

Antes de hacer algún tipo de cambio radical en tu vida, tienes que dedicar tiempo a analizar qué es lo que estás haciendo en tu día a día. Empieza pensando en plazos pequeños. Primero pregúntate qué haces regularmente cada día de la semana, luego cada semana completa, cada mes y finalmente cada año.

Tus acciones deben tener una finalidad o dirección común. Al analizar tus acciones diarias, te darás cuenta si estás poniendo todo tu esfuerzo y si estás haciéndolo de la forma correcta.

EJERCICIO: Necesitas una hoja de papel, lápiz y un calendario.

Siéntate en un lugar tranquilo, relaja el cuerpo, respira lentamente por la nariz y cierra tus ojos.

Mantén este estado durante 2-5 minutos.

Toma el papel en blanco y no pienses, escribe qué es lo que haces cada día desde que te levantas, hasta que te acuestas.

No razones si está bien o mal, eso ahora no interesa.

Una vez que tengas esa lista de cosas que has estado haciendo diariamente por los últimos meses, separa en columnas qué acciones te hacen sentir orgulloso y cuáles no.

Justo ahí es cuando puedes tener más conscientes tus prioridades.

La importancia que le das a las cosas.

Imagina que cada día, al echar un vistazo a tu plan de acción puedes diferenciar claramente aquellas tareas que tienes que hacer antes que cualquier otra. Esas que te llevan directamente a tu objetivo y no quieres dejar de lado porque, en caso contrario, estarías retrasando aquello que te has propuesto como tu meta final.

Ahora imagina que, al final de la jornada, al revisar tu plan de acción, te das cuenta que conseguiste aquello que más se enfocaba en tu principal objetivo. En tal caso, tu planificación está funcionando perfectamente bien.

Pues bien, las prioridades, de forma simplificada se encargan de esto, de apartar todo lo que puede entorpecer tu rumbo a tu destino final y señalar con claridad el camino a seguir para atracar en el lugar deseado.

Es importantísimo distinguir las tareas que debemos hacer, así como las que debemos descartar. Gracias a ello nos enfocaremos en lo necesario y evitaremos caer en el síndrome del tachador o del ocupado.

Las prioridades, así como un buen plan de acción diario, se fijan en la jornada previa, el día anterior, y no dejarlo para la última hora, momentos antes de ponerte a trabajar, pues corres serio riesgo de confundir qué es lo importante y qué es lo urgente y acabar navegando a la deriva.

Para poder limpiar más y más esas prioridades y las tengas aún más claras, e incluso sentirlas vibrando en cada respiración, cada latido de corazón y cada cambio metabólico que hagan todas tus células; debemos establecer dos conceptos:

*Importante: Aquella tarea que te dirige a tu objetivo y está alineada con tu propósito. Pregúntate ¿esta tarea me acerca a mi objetivo?

*Urgente: Aquella tarea cuya fecha límite está cercana a vencer. Pregúntate ¿esta tarea es necesario hacerla ahora?

Finalmente, para distinguir definitivamente una de otra pregúntate ¿qué pasaría si no hiciera esta tarea?

A la hora de establecer unas prioridades el primer término a tener en cuenta es la importancia en lugar de la urgencia y no viceversa, como muchas veces se suele hacer.

Para ayudarte a establecer unas prioridades, distinguir estos dos términos y enfocar tus esfuerzos en las tareas adecuadas, te comparto las estrategias para ser más eficiente en tener prioridades y verle la importancia y la urgencia de las cosas.

Matriz de gestión del tiempo de Eisenhower.

Desarrollada por Dwight D. Eisenhower, ex presidente de EEUU y popularizada por Stephen R. Covey con su libro **Los 7 hábitos de la gente altamente efectiva**

Te ayuda a establecer tus prioridades en función de 4 cuadrantes, definiendo las tareas importantes y urgentes, las diferentes relaciones que pueden darse entre ellas, y asignándoles un tipo de decisión en consecuencia.

Matriz de gestión del tiempo de Eisenhower.

	URGENTE	NO URGENTE
IMPORTANTE	Cuadrante I • Crisis • Presiones • Proyectos con fecha de vencimiento	Cuadrante II • Relaciones Personales • Nuevas oportunidades • Planificación del futuro • Actividades preventivas • Crecimiento personal • Ocio y diversión
NO IMPORTANTE	Cuadrante III • Interrupciones • E-mails, reuniones, llamadas • Actividades populares • Presiones familiares	Cuadrante IV • Detalles • Ladrones del tiempo • Algunos emails y llamadas • Actividades placenteras

Cuadrante I – Importante y Urgente

Se corresponde con **las tareas que son necesarias atender cuanto antes**, pues están directamente relacionadas con tus objetivos y su fecha límite está cercana.

Debes evitar, en la medida de lo posible, trabajar en este cuadrante, de lo contrario te pasarás la vida apagando fuegos, lo que repercutirá en tu estado de salud en forma de **ansiedad y/o estrés**.

Define claramente las tareas que alojes en este cuadrante para no confundirlas con las tareas urgentes enfocadas a objetivos de otros pertenecientes al Cuadrante III.

Cuadrante II – Importante y No urgente

Aquí están las tareas dirigidas al corazón de tus objetivos y con una fecha límite lejanas en el tiempo. Es el cuadrante de la pro actividad y la gente altamente efectiva.

Este debe ser, en mayor medida tu área de trabajo habitual. Allí donde reina lo planificado y trabajado bajo condiciones de serenidad y mente despejada. Justo el ambiente que te permite sacar lo mejor de ti.

Cuidado con tomarte mucho tiempo para las tareas de este cuadrante. Puedes cometer el error de irlas retrasando en el tiempo y acabarlas trasladando al Cuadrante I. El de las grandes urgencias.

Cuadrante III – No importante y Urgente

Estas tareas **normalmente tienen relación directa con los objetivos de otras personas**. Lo más lógico sería reducir tu atención a ella al mínimo exponente y, en la medida de lo posible, delegarlas.

Cuadrante IV – No importante y No urgente

No te quito tiempo con esto.

Si una tarea cae en este cuadrante y crees que en un futuro puede llegar a ser parte de alguno de los cuadrantes anteriores, pásala a tu lista de "algún día", en caso contrario, elimínala de tu programación. No te afecta en absoluto.

Por último y, para obtener el mayor provecho posible a esta estrategia, reduce a la mínima expresión el Cuadrante I, delega al máximo el Cuadrante III, elimina todo lo posible del Cuadrante IV y enfoca tus esfuerzos en planificar y resolver todo aquello que has situado en el Cuadrante II.

Lo que realmente es importante.

Supongamos que:

1. Tienes 3 posibles tareas entre manos
2. Solo tienes tiempo para realizar una de ellas
3. No tienes idea de cuál es realmente prioritaria para ti

¿Cómo establecerías prioridades entre ellas? Espera, quizás esto no es tan relevante...

Vayamos un poco más allá, ¿qué tal si en lugar de tareas, hablamos de proyectos? Imagínate decidiendo entre 3 proyectos de gran presupuesto y responsabilidad que pueden reportar beneficios importantes a tu empresa y por ende, para tu carrera profesional.

Ahora sí me gusta el desafío...

Lo más interesante a tener en cuenta en estos casos es que, no puedes decidir qué priorizar en base a tu situación actual (perspectiva, preocupaciones, recursos, urgencias...). No, no...

Te propongo que lleves tu mente más allá y te imagines justo dentro de un año o incluso más, dentro de 5 o 10 años.

Piensa, qué debes haber conseguido en ese momento. Es decir, **¿cuál es tu gran objetivo a plazo de 1 año? ¿Y el de tu negocio/empresa?**

Toma distancia de tus actuales preocupaciones y ahora, trata de imaginar qué hitos te deben llevar a conseguir ese objetivo.

¿Alguno de estos 3 proyectos tiene relación con esos hitos? El que más se acerque a esta descripción es el proyecto que debes priorizar.

Si ninguno de ellos lo está, estás jodido, quizás incluso en la posición equivocada.

Tendrías que hacer un replanteamiento al nivel de tu propósito. Pero ese no es el objetivo de este capítulo.

Después de realizar este ejercicio al nivel de grandes proyectos, te será mucho más fácil llevarlo al nivel de tareas diarias. Incluso tengo otro recurso que te puede ser muy útil.

Cuando de tareas o proyectos pequeños se trate, siempre pregúntate: ¿Qué impacto tendrá esta tarea? La solución es así de sencilla:

- 1 día: No vale la pena ni tenerla en cuenta. Directa al saco roto.
- 1 mes: No es prioritaria en absoluto. Es una tarea mediocre.
- 1 año: Ponla arriba del todo en el listado. Esta sí que es relevante.

Este ejercicio me ayuda cada semana a establecer mis metas de una forma rápida e incluso estimulante. Te recomiendo utilizarla si quieres facilitarte el trabajo a tope.

Conclusión.

Cualquiera de estas estrategias para establecer prioridades te proporcionará una mejora considerable en tu día a día.

La productividad personal no es una ciencia exacta, por lo que te recomiendo que, las pruebes todas hasta dar con la que mejor se adapte a tu forma de trabajo y, de hecho, cualquiera que elijas, la adaptes a tu propia situación.

Por último y quizás lo más importante. Lo que te acabo de presentar en este artículo, funciona, solo y en el único caso de que, al establecer tus prioridades, tengas claro tu propósito y objetivos a largo y medio plazo.

En mis inicios en este campo, he leído mucho y realizado varios cursos formativos. En mi opinión, lo primero que debes buscar es…

- Sentar las bases para marcar el rumbo correcto con un mensaje correcto.
- Establecer unos objetivos realistas y un trabajo efectivo.
- Plantear un Plan de Acción acorde a tus necesidades.

…y esto yo lo conseguí con el curso de **Marketing You®,** de Mario Corona.

Poner claras las prioridades e importancias

¿Para qué vas a hacer las cosas? ¿Por qué?

Es muy importante poner claras tus prioridades e importancias porque son el motor que hace que puedas ser constante con tu trabajo, seguir compartiendo lo mejor de ti, estar convencido totalmente de que tu producto o servicio funciona y le puede ayudar a las personas; pero, sobre todo, tener claro el **"para qué y el por qué"** haces lo que haces.

Escríbelo y ponlo en lugar donde lo veas constantemente, en mi caso, lo tengo al lado de mi escritorio en mi consultorio, ya que cada que quiero ver el calendario que tengo al lado, lo primero que veo son mis prioridades, mis objetivos, mis importancias, para que ya no vuelva a saturarme de cosas que no son lo más importante y pueda trabajar en lo que realmente es importante en mi vida.

Si realmente quieres dejar de vivir en el anonimato, y poderte dar a conocer con más y más personas, tienes que vivir tus metas, objetivos, prioridades, propósitos. Eso es lo que tienes que vivir todo el tiempo, te tienes que convertir en eso, tanto que todas y cada una de las personas con las que tengas oportunidad de convivir o compartir tiempo, **sepan que todo tu perfil, ideas, emociones, metas, objetivos, acciones van conforme a eso que para ti es importante;** por lo tanto, esas mismas personas que encuentren o tengan a alguien con un problema específico que tú podrías resolver, serás el primero en su mente para recomendar.

Así sucede, la mejor recomendación es de boca a boca, pero hoy en día, la era digital te permite estar presente y ser autoridad con las mejores recomendaciones que tengas y todos esos testimonios que compartas.

A mí me pasó, hace tiempo, por un video de YouTube que subí hace más de 4 años, me contactó una persona de la Ciudad de México y me dijo que cuánto le cobraba por dar una plática en un congreso que ella estaba organizando, ya que vio el video de YouTube, se sorprendió de lo joven que me veo y lo coherente de como hablo y lo que le dio la certeza de que me quería en su congreso fue la calidad de las respuestas que tenía a las personas que preguntaban en ese video.

Me pagó lo que quise, viajé a la Ciudad de México y a partir de ahí dejé de ser anónimo y pude ayudar a más y más personas que antes no podría haber tenido esa oportunidad. Incluso con decirles que yo resido en Saltillo, Coahuila, México, una ciudad en crecimiento, que aún sigue siendo pequeña, y lo más cercano a una ciudad grande es Monterrey, Nuevo León; pero con todas estas herramientas que te comparto y que he ejercido por mucho tiempo, ahora soy mucho más "famoso" en Argentina, Colombia, Venezuela, Perú, Estados Unidos y Canadá que en mi propio México.

Es por eso, que la importancia de **VIVIR TUS OBJETIVOS, PROPÓSITOS, METAS E IMPORTANCIAS** todo el tiempo (ser constante) genera el éxito.

No he encontrado otra manera de salir del anonimato y ser exitoso, más que vivir tus propósitos y más si los escribes, porque ya te comprometes contigo mismo a hacerlos, lograrlos y vivirlos cada momento y cada instante.

2. FOCALIZA TU ATENCIÓN.

Hay muchas personas, entre ellas yo, que puedo escribir las metas y objetivos, puedo verlos todos los días, puedo hacer un vinil y pegarlo en la pared de mi cuarto para que cada que amanezca, lea mis metas y objetivos; y aun así, no hacerlos.

Si esto te ha pasado, es muy probable que tengas mil cosas en mente y por lo tanto sea más fácil distraerte y generar inconsistencias en tu proceso de vivir las metas, objetivos y propósitos.

¿Qué significa focalizar tu atención en lo importante?

Nuestra vida en el mundo actual, con la vorágine de prisas y distracciones que tenemos, se puede asemejar a una gran autopista. Una gran calzada por la que transitamos todos nosotros intentando llegar a donde sea con la mayor rapidez. Y también de la manera más confortable posible para nosotros, bien cómodos sentados en un coche o autobús y acompañados de gente.

Nos olvidamos de esas bonitas rutas andando, por caminos de tierra, con paisajes maravillosos y que recordaremos con buen sabor de boca. Las recordaremos siempre con cariño, pese a las ampollas en los pies, el polvo del camino, o las inclemencias del tiempo. O incluso disfrutando de esa extraña soledad que te abraza. Pues bien, al final del día, mientras sepas a dónde vas, no importa si vas a pie, en carro, autobús, avión, jet.

Porque si sabes a dónde vas, es mucho mejor que tener el mejor medio de transporte (aunque si tiene importancia) pero lo más importante es saber a dónde.

Y para ser dejar de vivir en el anonimato hay que focalizar nuestra atención, nuestra mente y nuestro corazón en ello. Olvidarnos de lo que otros nos hacen creer que es lo principal.

Olvidémonos del trabajo, el dinero, el estatus social y demás tonterías, si has oído bien... Tonterías. Lo importante está en tu esencia, en tu auténtica razón de ser.

¿Qué entiendes por focalizar tu atención?

La definición que más me agrada o convence, por la energía y fuerza que genera por sí misma es esta:

"Hacer que un haz de rayos luminosos, un haz de electrones, una onda sonora u otra forma de energía converjan en un punto común."

Es decir, dirigir, orientar, encauzar, pero...

¡En plan atómico! ¡Con todos los poros de nuestra piel!

Focalizar es una cuestión de atención.

Allá donde está tu foco, está tu atención. Por supuesto, donde esté tu atención, eso es lo que potenciarás, lo que atraerás, lo que crearás, lo que creerás. Si tu felicidad, objetivo o prioridad aparece en el trabajo adelante, tú decides. Creo que este es uno de los grandes problemas a los que nos debemos enfrentar en nuestro viaje de vida.

Hay que aprender a situar en nuestro mapa emocional dónde vamos a situar nuestra felicidad. Hay que focalizarse y después ir a por ella con decisión. Y el medio para alcanzarla puede ser muy diferente para unos y para otros.

¿Cuántas veces nos focalizamos en algo y a los dos minutos ya lo hemos abandonado?

¡El que esté libre de culpa, que tire la primera piedra! Cuando esto ocurre, nos estamos estancando, estamos diciendo adiós a nuestro propio progreso personal. Nos estamos acomodando, y jugando a empatar partidos que al hacer eso, no se suelen ganar campeonatos.

Es fundamental tener claro lo que queremos, hacia dónde debemos ir… Y tener determinación para alcanzar el lugar deseado…… **debemos focalizarlos en un propósito bien definido. (Aquel que ya apuntaste y lo tienes visible en tu oficina, casa, etc.).**

Existen muchas actividades, que nos permiten enfocar bien nuestro tiro y de esta forma ir dando pasos positivos día a día, partido a partido. Es la única manera de avanzar… podemos y debemos hacerlo.

¿Qué tenemos que hacer?

Si nos concentramos en lo que nuestro corazón nos dicta, encontraremos la forma de llegar a donde queramos. Se trata de focalizar tu atención.

Te voy a hacer una pregunta: ¿A que cuando vas a iniciar un viaje a algún sitio, habitualmente miras por internet como llegar y el tiempo que hace? ¿A qué te informas de muchas cosas sobre el lugar y preparas la ropa más adecuada? ¿Y a que incluso los más previsores lleváis hasta vuestro propio botiquín? En definitiva, te pones a planificar como un loco, pues todos tus sentidos están pendientes de ese viaje.

Pues bien, eso es enfocar...si lo haces para un viaje, ¿Por qué no lo haces para el gran viaje que es tu vida? ¿No es mucho más importante?

Y automáticamente vas disfrutando el proceso de dejar de vivir en el anonimato, y poder lograr tus metas y objetivos con mayor y. Mejor eficiencia.

Si vas dando pasos poco a poco, sin obsesionarnos con la meta, pero sin olvidarla, ni mucho menos, más fácil nos será llegar. **El éxito y la felicidad no se generan de forma espontánea**, ni por azar, es el resultado de esfuerzos conjuntos y simultáneos. Quizás sea vital centrarnos en impulsar nuestra vida.

El aprendizaje no es en qué tarea te focalizas. Es saber enfocar tu centro, y vivir desde allí. Vivir enfocado, focalizado en ti. Ahí dentro ya eres atención e intención y tienes toda la energía necesaria. El resto se irá centrando solo. Las respuestas aparecerán, y con ellas tu felicidad.

Dios no jugó a los dados con el Universo

Esta frase dicen que es de Albert Einstein. Todo está entrelazado en la vida. Muchas veces no se trata de ir por el camino recto sino desviarnos y tener otras experiencias, otras sensaciones. Focalízate allí.

Estoy convencido de que, **si realmente queremos, podemos.** Todos tenemos recursos ilimitados, unos posiblemente los tengan más desarrollados en unos campos y otros en los opuestos. Pero si nos ponemos a escarbar sobre nuestra superficie, **si realmente queremos encontrar esa luz que nos guíe en nuestra aventura, lo conseguiremos**...Encontraremos algo en que focalizarnos para llegar donde queremos.

No quiero que erróneamente creas que encontrar esa luz que ilumina en el horizonte se consigue en dos días, Seguramente tardarás bastante más, por lo menos a mi desde hace 6 años se ha hecho intermitente, pero cada vez logro más y más cosas gracias a la focalización. Pero lo que sí tengo claro es que, buscando con tesón y paciencia, conseguirás encontrar al menos otras luces. Estás quizás sean **simples luciérnagas, que te inspiraran, te motivaran y te irán acercando poco a poco a tu objetivo.**

Solo hazlo.

Uno de los eslóganes que me fascina es el de la marca NIKE, que es "Just Do It" (Solo hazlo).

Es una de las marcas con mayor prestigio a nivel deportivo, y el eslogan de solo hazlo, es el mejor ejemplo para poder focalizarte y hacer lo que tienes que hacer.

El hacer las cosas, de una manera eficiente, **es lo más natural.** O ¿cuándo han visto a una planta batallar para que salga sus hojas en primavera? Realmente eso nos enseña la naturaleza y lo he aplicado a mi forma de vida para poder ser más eficiente.

¿Alguna vez escuchaste de "la suerte de principiante"? No existe tal cosa, realmente es la localización consciente de una tarea específica. Por ejemplo: Una persona que va por primera vez a jugar boliche (bolos) y la instrucción es muy clara de tu agarras esta pelota, la tiras por ese canal, y le tienes que dar a todos esos bolos. La persona sin pensarlo va y lo hace.

Claro que, sin técnica, fuerza, ni nada estéticamente ni ergonómicamente correcto, pero va y lo hace e incluso muchas veces hasta hace chuza. Generalmente a esas situaciones las achacan a la suerte de principiante, pero la naturaleza me ha enseñado que no. Lo que sucede realmente es que nuestra mente se enfoca y hace la instrucción clara que tiene para lograr un objetivo o una meta.

Otro ejemplo es el niño que le dan su "juguito para la memoria" al momento de estudiar. Esta técnica que utilizan los psicólogos y los terapeutas conductuales y cognitivos es que le des valor a algo en forma de condicionamiento para poder ejercer una tarea que naturalmente puedes realizar. Así como un niño que se aprenda las tablas de multiplicar con el "juguito para la memoria" lo hace en un tiempo récord contra un niño con las mismas condiciones, pero sin ese condicionamiento.

Y ¿qué sucede? La mente solo se enfoca a hacer lo que tienes que hacer y **naturalmente "lo haces"**. No tienes que razonar mucho, pensar mucho, solo lo haces y ya. Así de simple, así de sencillo.

Otro ejemplo es al momento de orinar; ¿qué pasa por tu mente al momento de orinar?, ¿qué proceso de relajación y de tensión tienes que hacer, para poder orinar? ¿eres realmente consciente de todo ese proceso?... Realmente no somos conscientes del proceso de relajación del esfínter, de la tensión de la vejiga y de los músculos alrededor para poder vaciar completamente la vejiga de una sola micción, entre otras funciones fisiológicas normales.

Pero ¿qué es lo que normalmente pasa?, cuando tienes ganas de orinar, vas y orinas y ya. No piensas en el proceso, no eres consciente de todo lo que tiene que estar pasando en tu cuerpo para poder hacer algo natural... solo lo haces. Así también los latidos del corazón, la regulación de la temperatura corporal, los movimientos en el aparato digestivo, el cambio de gases en los pulmones, entre muchísimas cosas que pasen en nuestro cuerpo. . . bueno, lo que quiero que realmente sepan y entiendan es que lo que nos compete hacer a nosotros como seres humanos es "HACERLO".

Lo que tengas que hacer, solo hazlo, no juzgues, no pienses de más, si ya lo tienes claro y le das la importancia correcta simplemente te queda ejecutar todo para que sigas logrando tus metas y objetivos.

Es por es que me gusta mucho el eslogan de Nike, "Just Do It", "Solo Hazlo". Y te puedes preguntar ¿tendría que trabajar más?, la respuesta sería: seguramente que sí, pero el trabajo será para ti mismo, para crear tu marca personal, para darte a conocer, para resolverle los problemas con tus productos o servicios a mucha más gente, es para lograr tus prioridades y por lo tanto tu objetivo de vida, lo que te da el motor de seguir viviendo; y ahora vivirás trabajando arduamente, de una manera eficiente, eficaz en una vida mejor (en todos los sentidos).

Lo más simple es lo más eficiente.

Y hablando de mayor y mejor eficiencia en tu vida; te vas a dar cuenta que cuando te pases haciendo las cosas que tienes que hacer, agarrado de una estrategia, coach, profesionales o directriz efectiva, **todo se vuelve más eficiente**, porque se vuelve simple.

Lo más simple es lo más eficiente, y el mejor ejemplo es la marca APPLE, ya que si conoces la historia de Steve

Jobs te darás cuenta que la revolución en la simpleza, hizo que la marca APPLE necesitara de Steve Jobs para hacer lo imposible en posible, y de generar aparatos electrónicos en pro de una experiencia más simple e intuitiva para no batallar y de todos modos lograr los objetivos, ya sea tener la música que quieres, volver al inicio, tener direcciones simplificadas y por lo tanto más eficientes para su tiempo.

La congruencia es lo que hace que la simpleza se vuelva parte de tu estilo de vida, y por lo tanto lo que piensas, sientes, vives, hablas y tienes que sea parte de lo mismo que tú compartes; se hace la vida más simple y por lo tanto más eficiente. Ahora imagínate compartir videos, productos, servicios, información en general de tus productos o servicios para que la gente te conozca y pueda saber de una manera simple en qué les puedes ayudar, y cómo les vas ayudar; **todo lo demás viene por añadidura.**

Lo más simple, es lo más eficiente, y la eficiencia te da la oportunidad de vender más, tener más clientes, lograr tus metas y objetivos porque simplemente te enfocas en lo que quieres, lo haces simple (aunque no sea fácil, por tantas cosas a hacer) y gracias a esa simpleza, los objetivos y metas se logran por añadidura.

La terapia de nutrición cuántica (que es a lo que me dedico) viene de un entendimiento muy complejo, con mucha información que al principio no se comprende con facilidad, pero yo lo comparto como: Yo te ayudo a quitarte el estrés, ya que a mis 12 años de experiencia con Cuantic Nutrition he visto que si se elimina el estrés es más fácil lograr sus metas y objetivos (cualquiera que éstos sean).

Por lo tanto, la simpleza en compartir que yo te ayudo a eliminar el estrés, no importa si crees o no en la terapia, no importa si estás en Saltillo, Coahuila, México, no importa tu edad, religión, metas, problemas, etc., **mientras tú quieras cambiar... ¡esto funciona!** Y así es con todo... mientras tú quieras cambiar, dejar de vivir en el anonimato, ser autoridad en aquello que te mueve (tu propósito de vida) y de tu trabajo; el éxito viene desde la manera más simple, y por lo tanto más eficiente.

3. EJECUCIÓN CONSTANTE.

Y el secreto que amalgama todo lo anterior es la ejecución constante de la eficiencia. El ser eficiente todo el tiempo te ayuda a que tu vida se vuelva eficiente, busques soluciones a cualquier problemática, sigas compartiendo lo mejor de ti con todos, sigas nutriendo una estrategia de marketing a través de tu marca personal, sigas siendo referente en tu campo de trabajo y de acción y por lo tanto sigas teniendo éxito.

En pocas palabras: **LA CONSTANCIA GENERA EL ÉXITO.**

La constancia es la virtud con la cual se conquistan las metas y que brinda las posibilidades de éxito. En el camino, es natural que aparezcan tropiezos qué superar, en esos instantes solo la fuerza de la constancia sobrepasará el cansancio y la emocionalidad para continuar viviendo tus metas y objetivos.

Abandonar las metas planteadas es muchas veces común. Solo el 12% de las personas alcanza las resoluciones que se plantea a principio de año, de acuerdo con el resultado de un estudio del psicólogo Richard Wiseman, de la Universidad de Hertfordshire, en Reino Unido. Para contrarrestar esta frecuente tendencia es vital contar con la perseverancia y firmeza que atribuye esta valiosa actitud, la constancia.

Vivir con constancia significa que una vez que se adquiera el reto, se cumpla; así de simple. Llevar a cabo las ideas, no cambiar de decisión ante el primer obstáculo, terminar lo que se comienza, que postergar no se convierta en un hábito, no desalentarse ante las dificultades, saber esperar, y mantener el máximo esfuerzo durante el proceso.

Una de las masters clases que tuvimos con mi amigo Mario Corona en el curso de Marketing You®, nos compartió de la constancia como una habilidad que se puede mejorar, entrenar o adquirir una vez que la persona se hace consciente de las dificultades que tiene para ejecutarla. Para eso, existen problemas a identificar que funcionan como soporte a un cambio sostenido y sistemático que perdure en el tiempo, que permita finalmente incluir la constancia como una cualidad en la vida.

1. **El cerebro funciona por acercamiento al placer y por alejamiento al dolor**: La Neurociencia determinó dos verdades imprescindibles de reconocer: primero, el cerebro te mueve hacia todo aquello que es agradable y produce satisfacción. Lo segundo es que te aleja de todo aquello que puede suponer una amenaza o resulta doloroso.

2. **El significado que le das a las cosas**: Uno de los puntos que genera mayor resistencia es que hechos y significados son cosas distintas. Un hecho es la descripción objetiva de lo que ha pasado. El significado es la etiqueta que le pones a ese hecho, y lo que hace que te sientas fatal o muy motivado. Ese significado está condicionado por las creencias, y también por las experiencias que se han registrado en la vida. Y todo esto lo vimos con las prioridades e importancias en el tema anterior.

3. **Entender cómo hacer las cosas conscientemente, es más fácil cambiar**: Richard Bandler, el creador del PNL, dice que se debe tener en cuenta que es imposible cambiar aquello que no puedes ver. Cuánto más consciente sea la persona sobre cómo relaciona

sus pensamientos, con tus emociones y acciones, más fácil será darse cuenta de cómo hacer para sentirte motivado o no, y podrá corregir o ajustar con más precisión aquello que te sea poco útil para dirigirte a tu objetivo.

Prácticas para impulsar la constancia.

En base a estas consideraciones de la PNL, es clave identificar cuáles son los factores que inciden en que la inconstancia aparezca para lograr una meta. Una vez, visualizados, se debe dirigir la atención hacía el cambio y sustitución de actitudes con un ajuste en la estrategia que permita materializar esos desafíos:

- **Convertir el proceso hacia la meta en un camino divertido**: Ya se sabe que lo que genera placer es lo que suele buscarse, entonces, es necesario diseñar un plan de trabajo que incluya el sistema de recompensas y sumar elementos que otorguen satisfacción, por ejemplo, si se debe entregar un informe, quizá realizarlo al aire libre, cambiar de ambiente y acompañarlo de un chocolate, pueden ser dos elementos estimulantes para desarrollar el proceso. La emocionalidad para dedicarse a ese trabajo, cambiará por completo.

- **Poner el foco en los avances**: Registrar los progresos que se han obtenido durante el trabajo son puntos de inspiración para alcanzar esa anhelada meta. En el desglose de los objetivos en pequeños pasos, determinar qué se ha logrado, contribuye a reforzar en la mente los resultados positivos y a ir por más. Esta táctica funciona para quienes desean ver resultados a corto plazo.

- **Inspiración y erosión de creencias**: Los mecanismos para inspirarse varían de persona en persona, se puede tomar la inspiración en personas que han alcanzado la meta. También se puede valorar un recurso propio, integrar y conectar esos objetivos con valores individuales. Una técnica que resulta eficaz es poner fechas topes de culminación, esta técnica es potente en los casos que se necesita presión o se tiene la costumbre de procrastinar.

En cada actividad, existe un factor que siempre determina el resultado, y ese es la constancia. En la medida que se tenga una pequeña dosis de esfuerzo frecuente, será la medida con la que se propicie el éxito. Con tan solo identificar la creencia que no permite avanzar como el miedo a fracasar, se alcanzará vencer a inmovilidad que ese pensamiento produce.

CAPÍTULO 4.
¿CÓMO HACER QUE COBRE VIDA TU MARCA PERSONAL Y SALIR DEL ANONIMATO?
Por Marisela García

¿CÓMO HACER QUE COBRE VIDA TU MARCA PERSONAL Y SALIR DEL ANONIMATO?

Por C.P. Marisela García / Coach, Emprendedora y Autora. Especialista en Inversiones Inmobiliarias y Negocios.

Tener una marca personal no siempre impacta de la forma esperada, así como hay grandes personalidades que pueden tener todo para lograr resultados exitosos en los temas que desarrollan, pero que no siempre impactan de la forma o la magnitud necesaria y continúan sin salir del anonimato.

¿A qué se puede deber esto? bien detrás de esta marca personal hay una gran labor de compromiso y responsabilidad que hay que trabajar día a día, y por supuesto puntos claves para construirla y que solo entonces cobre vida.

Necesitamos una marca personal que inspire, transpire,

impacte, impregne de vida nuestro entorno y más allá.

Por qué lo sepas o no, siempre estamos comunicando algo, por qué lo quieras o no, con lo que haces o dejas de hacer alguien percibe de ti una idea o concepto, por qué lo pienses o no, tu marca personal va implícita a tu persona, por qué lo creas o no, construir una marca personal implica propósito, responsabilidad y compromiso.

El peso de una marca personal detona el impacto en quien recibe la información o servicio, es allí la importancia y el grado de relevancia que transporta una marca personal.

En mi experiencia personal trabajar por construir mi marca personal me ha significado gratificante pero no menos retador, sobre todo cuando hay varios conceptos y elementos que aprender, de la mano con la mentoría de Mario Corona quien me ha proporcionado entrenamiento y claridad sobre los puntos que se debe trabajar para construir mi propia marca personal, y sin dejar de lado como comenté la gran labor que se tiene el compromiso de ser y hacer.

Una marca exitosa logra no solo ser visible y asociada al producto o servicio, sino que debe transmitir pensamientos, emociones, sentimientos y sensaciones que se provoca en otras personas, intención y acción que refiere Mario y que estoy en total acuerdo.

Salir del anonimato con tu Marca Personal, pero ¿Qué es una marca personal?

¡Antes de tomar el papel de Víctor Frankenstein y mostrar al mundo que nuestra marca por fin, está viva! (sonrisas), para poder construirla debemos tener en claro primeramente ¿Qué es una marca personal?, por lo que te pregunto ¿Qué viene a tu mente cuándo piensas en marca personal?, ¿un nombre? tal vez, ¿un logo? probablemente, ¿un producto o servicio? puede ser, tal vez una imagen que de inmediato llega a tu mente.

Y así es, todos y cada punto de los anteriores forman parte de una marca, pero ¿Qué es lo que se busca con esa marca?, bien un ejemplo de una marca de vida legendaria es levis, estarás de acuerdo conmigo que al referirnos a pantalones de mezclilla, muchísima gente y sin temor a equivocarme en su gran mayoría en diversas partes del mundo nos referimos a levis, siendo este una marca y no el producto en sí, pero sucede que cuando la marca ya se identifica como el producto o servicio mismo ha culminado en un éxito irrefutable, bien así habrá algunas otras más, como otro claro ejemplo lo es kleenex, cuando alguien pide un pañuelo desechable, es mucho más común que se refiera a solicitar un kleenex y no un pañuelo desechable nuevamente la marca cobro la vida del producto.

Bien y refiriéndonos a una marca personal, es algo similar en donde al referirnos a un nombre que asociamos inmediatamente con el producto o servicio, por ejemplo al mencionar el nombre de Carolina Herrera inmediatamente la asociamos a moda y estilo y es así, ella ha logrado posicionarse como una verdadera marca personal, y que decir de marcas personales como Bill Gates sin duda instantáneamente pensamos en el mundo de la tecnología, si hablamos de negocios inevitable no mencionar a Carlos Slim, Vladimir Putin, mismos que incluso en algunas revistas y artículos, a los tres se les ha llegado a enlistar entre los más ricos del planeta, destacados como empresarios en diversos negocios, Elon Musk inversionista e inventor, por mencionar algunos de marcas personales de las "grandes ligas", marcas indudablemente exitosas.

Y así muchos más destacados en sus diferentes áreas o temas, y bueno también cada uno de nosotros podemos construir nuestra propia marca personal en el ámbito que estamos o deseamos desarrollar.

En mi experiencia personal en la que he tenido oportunidad de haber emprendido negocio, he trabajado a prueba y error preparándome y entrenándome en temas administrativos y operativos del negocio que en su momento tuve y en los que trabajo por desarrollar, elaborando mi plan de negocio, tomando cursos y talleres, y como comento realizando las labores administrativas y operativas de cada área.

Aún y teniendo esa preparación, incluso se hayan logrado resultados exitosos o no, entiendo hoy día que tener una marca personal te aporta una proyección completamente diferente, debido a que puede traer grandes cambios significativos positivos en el desarrollo de dichos temas.

No dejo de lado comentar que por mi parte sigo trabajando por construirla, en entrenamientos y mentoría de Mario Corona sin duda referente exitoso de lo que es una marca personal, y totalmente posicionado con Marketing You®, pero efectivamente el logro exitoso de dicha marca depende en gran medida de la labor, compromiso y responsabilidad en la aplicación de lo aprendido y transmitido, así mismo se traducirá en la medida del impacto logrado con la misma.

En mi experiencia personal cuando inicie, efectivamente como Mario nos comentó, habrá conceptos y temas nuevos que aprender y sobre todo que entender, para poder aplicar y después por supuesto el reto de efectivamente llevarlos a la práctica, ha sido para mí una experiencia totalmente diferente, pero interesante y reitero retadora por supuesto.

Son muchos los conceptos que conforman una marca personal y que definitivamente hay que llevarlos de la mano de un experto, hay que considerar en todo momento "desear", "ser", "parecer" y "ser", que estos términos son de suma importancia en la congruencia que debe haber entre el ser y el hacer, y forma la vertiente entre la confianza que inspira cada marca personal.

Por otra parte, te mencionare algunos puntos de los que definitivamente hay que tener presentes como lo son el enfoque, la persistencia, la relevancia y la flexibilidad.

Considerando al Enfoque, es decir una vez analizando y conceptualizando con claridad cuál es el atributo o esencia que sostendrá y proyectará nuestra marca personal. En mi particular caso ser asociada y reconocida con el tema de inversiones inmobiliarias es de relevancia para mi marca personal.

Respecto a la Persistencia sobre el desarrollo de los temas y de la misma marca personal es un trabajo arduo y constante que de alguna forma debemos aprender a disciplinar, establecer horarios y rutinas implica una considerable inversión de tiempo, dinero y esfuerzo, y puede llegar un punto en que en vez de persistir estés tentado a desistir, ¿Qué si me ha pasado a mí? ¡Por supuesto! en situaciones en donde no vez los resultados esperados, te preguntas ¿Qué pasa? Y es que estos temas hasta para quienes son expertos en el tema puede significar una gran labor y reto, así que retomar y cuidar el enfoque es de suma importancia, considerar y aplicar lo aprendido y persistir, por mi parte sigo trabajando estos puntos identificando mis debilidades y fortalezas para poder brindar una mejor versión de mi marca personal.

Cuidar y mantener la relevancia es clave para la vida de tu marca personal, transmitir valor a otros, en donde la información, producto o servicio sea de importancia para la audiencia o mercado a la que quieres llegar, que aporte y brinde soluciones y especialmente de la forma en la que particularmente lo haces tú.

Respecto a la flexibilidad este concepto desde la perspectiva de que en determinado momento puedas cambiar los planes, no te implica cambiar la meta, un concepto que considerar llevarlo a cabo para mi significo no tan fácil de asimilar cuando tienes preconcebida una idea o plan por realizar, pero finalmente descubres que este concepto puede traerte realmente aspectos y resultados significativos y muy acorde a la frase de si seguimos haciendo las mismas cosas, seguiremos obteniendo los mismos resultados que hasta hoy hemos obtenido, allí la importancia de la flexibilidad, sin perder de vista tu meta principal.

En alguna publicación Mario definió el ADN de su marca personal definiéndose como "Valiente" y nos invitó a evidenciar el nuestro, por mi parte mi ADN definitivamente es ser "Autentica", y materializar mi ADN a los temas y proyectos que desarrollo identifica mi marca personal. Realmente realizar y trabajar por los proyectos o ideas en los que creó y considero que aportan valor para mí y para otros, siguiendo y construyendo mi línea de "plan de vida", "vive con propósito", "finanzas personales", "trabajando conciencia", forma parte de mi esencia genuina en relación a un propósito de vida, donde como reitero, se materializa mi ADN.

Por mi parte inicie trabajando varios temas a la vez, situación en la que podía conflictuarme un poco por elegir solo alguno de los temas o definir uno diferente, porque conforme a mi plan de vida me interesa contribuir en diversas áreas, pero fue desde allí que empezó mi búsqueda del primer paso camino a mi propia marca personal, y el programa de Marketing You® se hizo presente en mí, y aunque trabajemos o aportemos en diferentes temas de alguna forma deberá ser alguno que nos identifique sobre nuestro atributo principal.

Por mi parte incluso usar las plataformas para exposición de mis temas ha significado reto, invertirle tiempo y preparación, incluso he tenido que aprender cómo funcionan, pero una marca personal no es solo la literal exposición desde algún medio, si no desde la esencia de tu propia marca, la que te define como alguien único e irrepetible y eso es lo excepcional que te da una marca personal, debido a que no habrá otra persona con la misma combinación de los mismos temas, gustos, preferencias, estilo, historia, propósito etc. esta combinación es la que te hace ser una marca personal única.

Por mi parte debo de confesar que al principio me costó trabajo empezar a trabajar mi marca personal desde como comente a usar la tecnología, hasta por que definitivamente hay que exponerse públicamente precisamente para dar a conocer esos temas con los que puedas contribuir y ayudar a otros, por mi parte no acostumbrada a estar compartiendo mis temas o incluso algunos episodios de mi vida o de mi día, pero teniendo claro que tienes un propósito más grande por cumplir y compartir con otros, esos primeros inconvenientes han quedado de lado, y he continuado gustosamente haciendo mi camino con rumbo a la construcción de mi propia marca personal.

Me pudo pasar cuestionarme si tenía lo que necesitaba para construir mi propia marca personal y sí eso ha pasado por tu mente también, hay algo que tener en cuenta, mientras que tengas el firme y real propósito de compartir un mensaje o algo que aporte valor a otros, teniendo en cuenta esto, la respuesta es; sí, "lo tengo", "lo tienes".

Y bueno después de contestarnos eso, la siguiente pregunta que Mario nos plantea es ¿De qué forma los recursos que tengo me ayudan a llegar al mercado que quiero llegar?

Realizar un análisis de nuestros activos, personales, materiales, intelectuales, emocionales, nos hará ver la caja de herramientas que podemos emplear para trabajar, pero sobre todo trabajar con éxito nuestra marca personal, por qué solo eso que nos hace únicos, es lo que potencializa una marca personal.

El valor agregado de una marca personal es la propia propuesta o forma muy particular de ofrecer y brindar un producto o servicio.

Ser diferente es algo, que no solo es bueno, sino que es necesario para ser una verdadera marca personal, pero esta diferencia debe de venir de una esencia real.

¿Cómo construyo mi marca personal para salir del anonimato?

¿Cómo construyo yo mi marca personal?, en definitiva, para hacer esto es necesario realizar una integración de aplicación de conocimientos, conceptos y acciones, que no es el fin de este capítulo mostrar, mucho menos es algo que se pueda resumir en unas cuántas páginas, realmente antes de la aplicación hemos hecho trabajo de entrenamiento y preparación, teórico y práctico, para construir un trabajo profesional con la mentoría y expertise en la materia de Mario Corona.

Aprendiendo a usar la tecnología a nuestro favor es uno de los puntos que sigo aprendiendo y trabajando.

Así mismo bajo entrenamiento de Mario Corona empecé a escribir mi libro, mismo que si hablamos de marca personal, es un excelente vehículo para propagación de ideas, como bien lo expone él, un libro ha demostrado que elimina fronteras, generando confianza y credibilidad aportando valor a quienes llega, permite compartir información concreta, transmitir, inspirar y transformar.

Como igualmente lo describo en mi libro, postergue dos años después de la primera vez que tuve la oportunidad de conocer este tema con Mario, primero por cuestionarme ¿de qué hablaría? o ¿con qué autoridad? tocaría un tema a esa magnitud, pero realmente desde que lo escuche por primera vez hizo eco en mí el interés de hacerlo realidad, y bueno contestando estas preguntas efectivamente todos tenemos un mensaje que compartir, la autoridad de nuestra propia experiencia, que ésta por supuesto de alguna forma agrega valor para otros que este en el mismo camino, por supuesto con la responsabilidad y el enfoque de cada tema.

Escribir mi libro me ha resultado gratificante, descubrir que es algo que disfrute incluso me ha servido también a mí, de retroalimentación, y la satisfacción de que al compartir parte de mi historia y mi experiencia vivida puede servir y aportar de diferentes formas a quienes pasan por mismas o similares situaciones, a quienes nunca han pasado por allí pero que después de leerlo han decidido empezar.

Durante el proceso de la elaboración de mi libro pase por varias etapas en el emprendimiento y efectivamente el concepto de la flexibilidad puedo comentar que reconsiderar este concepto y aplicarlo me costó trabajo, porque cuando empiezas a ejecutar lo planeado y no resulta tan conforme precisamente a lo planeado, es donde necesite ser flexible y tomar acción en realizar estrategia y cambiar mis planes, pero no mi meta.

Y es aquí donde inicio en la construcción de mi marca personal.

Aplicando las enseñanzas de Mario respecto a la mejor forma de ser una verdadera marca personal es ser uno mismo, y así cuando escribí mi libro, decidí hacerlo de la forma más natural a como soy y me expreso con toda la intención de compartir contenido de valor que aportara a otros y construyéndolo sobre todo de una forma como alguna vez publique muy de mi para ti, sin dejar de lado mi esencia.

Ciertamente he trabajado en desarrollar los temas que me he planteado, utilizando algunas herramientas y estrategias y aunque con algunos resultados, comprendo hoy día que he tenido la oportunidad de conocer más sobre el tema de marketing personal, y que efectivamente implementarlo en nuestro plan de vida y en nuestro plan de negocios efectivamente es otro nivel de labor, para precisamente trabajar por otro nivel de resultados, comprendo más aun el concepto de perspectiva en el que Mario menciona como Marca Personal 360 grados.

En donde hablamos de un giro literal de 360 grados, que, si bien no cambia tu meta principal o incluso si sí, es la estrategia en los planes y procesos en donde se verá mayormente reflejado este giro.

Dentro de mi libro uno de los vehículos con que le doy vida a mi marca personal menciono no solo los aciertos que he tenido, también menciono los fracasos a los que me he tenido que enfrentar, porque considero no hay nada más responsable que mostrar una verdad de una realidad congruente con lo que implica la relación éxito - fracaso, y reitero uno de los párrafos que menciono en mi libro, ¿Quién que tenga éxito hoy diga que nunca fracaso en algo?, que no intento de una y otra forma el como si lograr ese resultado que busca lograr.

Y al buscar dar valor a otros es mostrar una película así, basada en hechos reales, saber que puede haber recaídas y fracasos, pero que se puede lograr.

Y que precisamente desde nuestro conocimiento, pero sobre todo de nuestra propia experiencia podemos brindar soluciones a los temas en que podemos aportar a otros.

Hablando de que siempre estamos comunicando algo con lo que hacemos o dejamos de hacer, visto desde afuera y más aún si hemos tenido alguna recaída se pudiera tener la percepción de lo que queramos comunicar puede verse algo afectado, pero nada más real que precisamente eso, en donde queda testimonio de nuestras acciones en cómo vamos construyendo nuestra propia marca personal, nadie tiene soluciones mágicas pero si puede sumar de alguna forma para llegar a aportar valor a sus propios temas y eso le corresponde comprobarlo a cada persona que identifique y confirme que hemos contribuido a solucionar algún tema en particular o aportado a su plan de vida o plan de negocios.

Algo muy importante a considerar es la principal construcción sobre nuestra persona, invertirnos y trabajarnos es fundamental, para complementar con las herramientas o vehículos de decidamos utilizar en la construcción de nuestra marca personal.

Contribuir a otros en su bienestar financiero es columna de mi marca personal, ayudar hacer la inversión más inteligente acorde al capital con el que una persona cuenta, brindar soluciones que impacten positivamente y reditúen en la calidad de vida de una persona es parte de la labor por contribuir a otros.

Sin duda es una labor de estar presentes y actualizados y con el compromiso de estar en constante crecimiento y liberación de nuestros propios obstáculos para realmente poder contribuir a otros.

El saber que queremos hacer, pero también el cómo he descubierto que es de suma importancia para un enfoque en trabajar por direccionar ese resultado que buscamos construir y aportar.

Sobre todo, cuando en mi camino he realizado actividades, proyectos y negocios en los que si teniendo resultados y también experimentando como no, evaluando, redireccionando y accionando, pero hoy haciéndolo con otra perspectiva desde un eje rector mi marca personal.

CAPÍTULO 5.
COMO OBTENER UNA ESTRATEGIA DIFERENTE Y LOGRAR RESULTADOS EN UN MERCADO CAMBIANTE.
Por Dr. Víctor Plaza

COMO OBTENER UNA ESTRATEGIA DIFERENTE Y LOGRAR RESULTADOS EN UN MERCADO CAMBIANTE.

Por Dr. Víctor Plaza / Consultor de Empresas, Coach Internacional, Profesor Universitario en Posgrados en Estrategias Competitivas.

Ser diferente en marketing es una tarea que todos debemos aprender, si lo relacionas con una organización empresarial es tener una ventaja competitiva lo cual siempre se habla y discurre y existen diferentes aproximaciones.

La teoría dice que tienes una ventaja competitiva en una industria cuando tus resultados son mayores que el medio de tu competencia.

Y de eso vamos a desarrollar en este capítulo.

Vamos a desarrollar varios aspectos, como:

- La importancia del medio en donde te encuentres.

Los que nos concierne el medio, el mercado y el mensaje.

Siendo como nos decía Mario el mensaje es lo trascendente.

- El mensaje.

Que comprende.

1. El valor.
2. La visibilidad.
3. La oferta irresistible.
4. La importancia de los clientes.

- Como tener Mentalidad Global y Conseguir Abundancia.

1. Capacidad de la organización en la utilización de los recursos.
2. Arquitectura del negocio.

- Empresa en marcha.

1. ¿Qué problema resuelve y porque es necesario?
2. ¿Para qué tipo de empresa se debe aplicar?
3. Tres consejos Concretos.

El medio adecuado.

Internet nos da una gran cantidad de herramientas, pero no es lo único, se observa qué muchos dejan de lado todos los esfuerzos previos y solo se concentra en las herramientas.

Transmisiones en vivo, webinarios email marketing, uso redes sociales.

Observando que el email marketing según algunos autores sigue siendo el rey, claro el WhatsApp es la novedad sin embargo si deseo verificar una comunicación de un transmisor en WhatsApp es engorroso encontrar con varios días la comunicación...no sucediendo eso con el email marketing que está más estructurado.

Si uno no es bueno haciendo transmisiones en vivo en Facebook Live para que esforzarse haciéndolo.

Si nuestro nicho de mercado no se congrega en Facebook para que tener una presencia en Facebook o comprar publicidad por ese medio.

Si mi tipo de negocio no es altamente visual como es Instagram para algunos no es crucial, pero para otros sí.

Estar donde se concentra mi público objetivo.

La buena noticia es que acceder a todas estas redes se ha tornado muy económico.

Hay medios tradicionales como la radio que es una buena opción ya que hay programas especializados sobre todo los fines de semana y que son efectivos y se puede comprar publicidad de forma económica si es que se congregan en esos medios, sobre todo existe una interacción con el oyente, ya ha habido casos de ventas de productos digitales utilizando la radio comercial sin dejar de utilizar los otro medios email marketing, uso de redes sociales. Creando una buena base de datos.

Puede ser una revista un radio local siendo lo adecuado que pueda ser medible por cada dólar invertido.

Una pregunta que uno debe hacerse es de lo que invertí en campañas cual fue el resultado en clientes, consultorías y ganancias, si uno no tiene información es botar el dinero.

No saber porque está teniendo los resultados que tiene, ya sea por no vender o si está teniendo los resultados, pero no sabe cómo escalarlo.

No ser víctima de la publicidad, de los medios, es la primera tarea que debemos siempre considerar no dejarse engatusar.

Nuestro mensaje.

Es a lo que menos se le presta atención.

¿Por qué es importante?

Porque al ser claro las personas o instituciones que lo requieran van a comprenderlo a tener que ser una solo una promesa.

¿Qué es lo que van a ganar contigo?

Es muy interesante esta situación.

Todos sabemos internamente lo que podemos dar a una persona un grupo o una institución y es importante que tengamos claro lo siguiente dar valor.

Y que es el valor:

Se mide con base en las características de desempeño de un producto, así como en aquellos atributos por los cuáles los clientes están dispuestos a pagar.

Tenemos recursos y capacidades.

Ellos recibirán recursos tangibles e intangibles que les permitirá obtener una ventaja competitiva.

Imagínate que has hecho tu plan estratégico de un nuevo restaurante, has contratado al personal tienes la carta de servicio, todo listo, pero si no anuncias, nadie ira a la inauguración, sucede con mucha frecuencia en todo tipo de negocio, las épocas en donde se abría y la gente llegaba por si sola eso paso hace un buen tiempo.

Si la gente no sabe a qué te dedicas y eres un invisible al mercado.

Si eres el mejor coach, el mejor consultor, el mejor odontólogo, pero si nadie te conoce.

La labor de nosotros los emprendedores por internet es volvernos visibles en el mercado.

No somos los únicos, tienes muchos competidores.

Nadie llego, nadie te compro, nadie se enteró, nadie se conectó con tu sitio web

Lo importante es convertirte en la opción número 1 en el mercado.

Ser visible es UNA PRIORIDAD.

Permitir que los clientes sepan quién eres, qué ofreces, que 'problema les vas a solucionar y porque deben confiar en ti.

¿Por qué un cliente debería hacer negocios contigo, sobre cualquier otra alternativa del mercado?

Tener en tu mensaje una OFERTA IRRESISTIBLE DEL MERCADO.

El caso de los hoteles en las vegas.

El Hotel las Vegas World.

Esta era su OFERTA IRRESISTIBLE durante varios años.

Por 369 dólares, le daré dos noches y tres días, en una de las suites de mi hotel. La habitación incluirá una botella de champagne, acceso ilimitado a bebidas (alcohólicas y no alcohólicas) durante la estadía y le entregare 600 dólares en fichas para que apueste en mi casino.

Fue un éxito, lo curioso es que todas las habitaciones eran suites, era el objetivo de que estés en el hotel para jugar en el casino.

Un mensaje claro con ingredientes irresistibles y diferenciadores, una estrategia acertada para comunicarse con los clientes y obtener el objetivo final previsto.

Los componentes de una oferta irresistible son:

- Un producto principal.
- Bonos que no sobresaturen y estén estrechamente relacionados.
- Límites y generación de escasez (tiempo y cantidad).
- Garantía (reversión del riesgo).
- Precio formas de pago dar instrucciones claras de pasos a seguir.

La importancia que los clientes encuentren afinidad.

Por ejemplo, en el caso del hotel la afinidad de los prospectos es el glamur cuándo llamaban, seguro su reserva será en varios meses adelante, el deseo de sentirse diferentes con esta organización dio resultado hay una afinidad emocional pese a ser diferentes sujetos de diferentes lugares normalmente de estados unidos.

Como decía Mc Clelland psicólogo de la universidad de Harvard.

La necesidad de afiliación de pertenecer a un grupo diferente.

La necesidad de logro de poder jugar y ganar dinero con la oferta irresistible.

Y la necesidad de poder tomar la oferta de un maravilloso hotel.

Como tener Mentalidad Global y Conseguir Abundancia.

Sencillo.

Miremos internamente nuestro negocio.

Miremos internamente nuestra persona.

¿Cómo?

Ocultemos la capacidad en la organización.

La capacidad en una organización es el uso de los recursos Tangibles e Intangibles.

¿Qué recursos?

Recursos tangibles. Son activos que se pueden ver y cuantificar.

Capacidad de endeudamiento de la empresa, en base a la confianza de las instituciones financieras, sus proveedores y clientes.

Capacidad de la empresa para generar fondos internos, como el ahorro, y el manejo adecuado de la liquidez.

Recursos organizacionales como las líneas de jerarquía, mando y control y su capacidad de actualización.

Recursos físicos como ubicación del negocio o de la planta y el equipo en armonía con el ecosistema del lugar.

Recursos tecnológicos como patentes, marcas registradas, derecho de autor, que sean un procedimiento natural en la organización.

Estos recursos financieros, organizacionales y tecnológicos son los cimientos de la CONSTRUCCIÓN EMPRESARIAL.

¿Qué recursos intangibles?

La Arquitectura del negocio y su importancia.

El capital humano compuesto por la confianza en tus colaboradores, rutinas de trabajo, aspiraciones, reconocimientos, remuneraciones.

Los recursos de la innovación, saber captar las ideas de sus colaboradores, las capacidades científicas y de innovación.

Los recursos de reputación.

En los clientes percepciones de confianza, durabilidad, de los productos.

En los proveedores cumplimiento de pago, confianza, y honestidad.

Capacidades logísticas de almacenamiento adecuado, inventario, distribución en tiempo y lugar, buena relación con proveedores.

Mirar los cambios fuera del país, región, en forma continua.

Asistir a simposios, conferencias, comités de trabajo.

Siempre manejar el marketing como un intercambio de valor constante.

Tener como herramienta la comunicación integral de mercado, toda la mezcla de ser posible, FFV, Promoción, Patrocinio, Promoción de Venta, Publicidad.

Capacidad para tener visión futura, estructura organizacional efectiva.

Habilidades para el diseño y la producción que generen productos confiables.

Empresa en Marcha.

Como generar ingresos en tu negocio hoy.

¿Qué problema resuelve y porque es necesario?

Lo primero que quiero que sepas que un crecimiento bueno mejora los beneficios y es sostenible a lo largo del tiempo mejorando las competencias internas y productos y servicios diferenciados.

Todas las pequeñas y medianas empresas tienen sus procesos.

Y el objetivo es ayudarlos a ordenarlos mejor y orientarlo en qué dirección actuar y que te den resultados.

¿Para qué tipo de empresa se debe aplicar?

Para cualquier pequeña y mediana empresa, sobre todo, aquellas que tengan actividades que le permitan alcanzar sus objetivos.

Atender mejor a sus clientes, en esta categoría caben todos.

Alcanzar sus objetivos, conocer la ejecución de la maniobra, usando sus recursos, habilidades.

Vender más, atender mejor a sus clientes, en estas categorías caben todos.

La importancia de formular tus objetivos y saber enfrentar a la competencia.

En la dirección y uso de los tiempos que te dará la ventaja estratégica requerida

¿Cómo va a cambiar su empresa cuando lo hagan?

Midiendo los resultados obtenidos las pequeñas y medianas empresa sabrán el rendimiento de sus recursos humanos y materiales.

Insumos, recursos financieros ya que la concepción estratégica es el faro iluminador del sitio de una organización porque:

    a) Saben dónde van.
    b) Como llegar.
    c) Y como mantenerse.

3 consejos Concretos.

El día de hoy te voy a hablar de tres consejos para que logres un crecimiento rentable en tu organización.

Primer Consejo.

La formulación de tu Estrategia.

Permitirá facilitar el proceso de planeamiento y direccionarlos adecuadamente a tus objetivos a alcanzar.

Debe ser formulado por el Líder de la organización a través de un memorándum del CEO o Gerente General.

Segundo Consejo

Formula bien tus objetivos estratégicos y validarlos con las siguientes pruebas.

    a) Prueba de Adaptabilidad.
        Un objetivo estratégico es adaptable cuando puede cumplir con la misión de la organización.

b) Prueba de Posibilidad.
Un objetivo estratégico es posible cuando se puede llevar con las fuerzas propias ósea con los recursos y capacidades propias y considerando a los posibles competidores.

c) Prueba de aceptabilidad.
Un objetivo estratégico es aceptable cuando justifican los costos.

Tercer Consejo.

No se puede construir una EMPRESA EN MARCHA sin darle valor agregado a tu personal.

Tu personal es importante y desean construirse una carrera y un futuro, con más oportunidades de crecimiento personal ellos tendrán más energía, una moral mejor y una mayor confianza en sí mismo …ayúdalo.

Bueno espero te haya servido, recuerda de lo que te he expresado, del porque se debe enfatizar en la importancia de tener claro, cuál debe ser la maniobra y en qué momento se encuentra.

Gestión de la estrategia empresarial.

Se habla y escribe mucho de estrategia, pero tiene dos componentes la formulación y la ejecución.

Formularla es una aproximación a la solución de un problema, o a alcanzar un objetivo estratégico.

Una estrategia es una hipótesis que tiene que ser comprobada, es un modelo porque es un conjunto de sistemas, un método porque es un conjunto de procedimientos y un curso de acción porque tiene competidores y en el ambiente político y militar adversarios.

Pero vamos a aterrizar.

Una estrategia debe operar con:

- Agilidad.
- Proximidad.
- Comunicación.

Porque agilidad porque debe adecuarse a los movimientos del mercado y de la competencia en tiempo y lugar.

Porque proximidad porque permite un mayor control de su desarrollo, asimismo ver lo que está sucediendo con las fuerzas propias y de la competencia.

Y la comunicación es efectiva cuando las intenciones del emisor deben ser comprendidas por los receptores no solo escuchadas.

¿Qué es estrategia?

Asignación de recursos.

Estrategia significa tomar decisiones claras de como competir.

No se puede atender a todos, por muy grande que sea tu organización o negocio por mucho dinero que posea.

Los negocios pequeños o pequeñas empresas han aprendido que la supervivencia depende de encontrar una posición estratégica en la que nadie puede vencerlos y ellos pueden diferenciarse es más obtener buenos ingresos con precios justos y asimismo una reducción de sus costos…una estrategia de océano azul, el desafío el mismo para las grandes empresas.

Seleccionar a los prospectos y clientes es una manera de comunicación muy acertada al mercado a los proveedores y los grupos de interés o stakeholders

Otra estrategia que tiene éxito es centrarse en recursos humanos y en su formación y desarrollo como lo ha demostrado Google, Facebook, General Electric, Amazon, Federal Express, Microsoft.

¿Cuáles son las armas de un negocio de servicios de consumo?

- Calidad.
- Costos.
- Servicio.

Por más que mejores en productividad e innovación si es un commodity tus márgenes son reducidos.

Una gran pregunta que debemos hacernos es si la estrategia debe cambiarse.

Una gran pregunta y la respuesta es la Maniobra.

La maniobra involucra normalmente una dirección, pero los movimientos no son rectilíneos y un tiempo determinado.

https://www.youtube.com/watch?v=PN9xmWXXHdg&t=305s

El movimiento involucra la velocidad, el espacio y el tiempo, como manejo la eficiencia, el uso de recursos y capacidades.

Si la estrategia es amplia no debe cambiarse.

Jeff Bezos de Amazon expresa los clientes lo son todos y hace 20 años Jack Welch de General Electric expresaba los productos de consumo no interesan, los clientes lo son todo.

La estrategia debe convertirse en realidad.

El primer paso es encontrar la gran idea que nos dará una ventaja competitiva sostenible, una idea significativa, diferente acerca de cómo ganar, aquí cinco puntos importantes:

1. Cuál es el aspecto actual del terreno de juego.
2. Los movimientos (maniobra) de la competencia.
3. Nuestros movimientos (maniobras).
4. Cuál es la tendencia del mercado.
5. ¿Cuál es nuestra jugada para ganar?

Conclusión.

Analizar la importancia del medio en donde te encuentres, formular un mensaje que obtenga respuestas creíbles y que te ayuden a reformularlo o continuar con el mismo, nos encontramos en un ambiente globalizado y por ende es conveniente cohesionar los factores interno de la organización, una empresa en marcha no debe dejar de lado cual es el comportamiento de la estrategia.

La estrategia no solo hay que formularla sino aplicarla y va a requerir una dirección constante y una pasión, por obtener los objetivos estratégicos formulados, en un tiempo determinado. Todo esto depende del líder de la organización y su equipo de gestión de la empresa.

CAPÍTULO 6
TU HISTORIA ES TU MEJOR ACTIVO. CUENTALA.
Por Israel Moreno Durazo

TU HISTORIA ES TU MEJOR ACTIVO. CUENTALA.

Por Israel Moreno Durazo / Coach en Desarrollo del Potencial Humano.

Introducción:

Cada uno de los seres humanos que poblamos este planeta tierra, somos una *expresión individualizada de la vida* y, por tanto, somos únicos, irrepetibles y, hasta cierto punto, insustituibles.

Hemos venido aquí con la encomienda de *"colonizar"* el territorio; es decir, venimos a aportar nuestro esfuerzo, dedicación y talento para mejorar las condiciones de vida de nuestra generación y de las generaciones futuras.

El sentido de la vida humana es éste: *servir para mejorar,* de tal suerte que cuando nos despidamos de esta dimensión física de la existencia terrenal, dejemos este planeta en condiciones más favorables para el desarrollo de todo género de vida.

Pero para poder incidir positivamente en nuestro mundo, es necesario *salir del anonimato y revelar nuestros valores.* Es decir, **hacernos presentes o auto afirmarnos** a través de nuestra actividad transformadora; independientemente de qué trabajo, profesión o servicio prestemos a la sociedad.

¿Qué quiero decir con esto?

Que la única forma que tenemos para proyectarnos e incidir en la historia es a través de lo que somos y tenemos.

Cada uno de nosotros hemos sido dotados con ciertos dones y talentos que han sido codificados en nuestro ADN; pero también hemos ido aprendiendo habilidades; adquiriendo conocimientos y experimentando acontecimientos que nos hacen únicos e irrepetibles.

Nuestra personalidad está determinada por la herencia biológica, la herencia sociocultural y el medio ambiente.

Cada uno tiene su propia historia. Y cada historia personal es la revelación de nuestra identidad individual.

Y, por consecuencia, no hay mejor manera de salir del anonimato que contando nuestra propia historia.

Para contar tu historia, te sugiero cuatro pasos muy sencillos:

Primer paso: Reencuéntrate con tu YO, único.

En tu proceso de auto reconocimiento y afirmación para salir del anonimato, es importante que te reconozcas y te reencuentres contigo mismo. Sí, te hablo a ti *Mario, Alonso, Marco Polo, Marisela, Myriam, Rodolfo, Víctor, Ramsés, Manuel, Sandra,* o como te llames. A ti que nos haces el honor de leer este libro y de compartir con nosotros una aventura literaria que te puede sacar del anonimato y lanzarte al encuentro del reconocimiento público.

Si quieres salir del anonimato, es preciso que te sumerjas en tu interior y descubras los tesoros que se ocultan en el cofre de tu alma.

Escudriña los detonantes de tu personalidad

Para descubrir esos valores que te hacen único, irrepetible e insustituible, debes entender que éstos forman parte de la personalidad que te identifica y que son el producto de tu herencia biológica, de tu herencia sociocultural y del medio ambiente donde ha transcurrido tu propia existencia.

Al hacer este recorrido histórico-existencial, toma muy en cuenta los tres factores que han influido para que tú seas la persona que eres actualmente.

El primer factor determinante de tu personalidad es tu herencia biológica. Por tal motivo, es importante que recuerdes cómo son o fueron tus padres y tus abuelos, qué actitudes recuerdas de ellos y cuáles de sus enseñanzas te han dejado marcado. Recuerda y anota particularmente las actitudes dominantes de tus padres.

Sin lugar a dudas, algunas de ellas forman parte de tu carácter.

El segundo componente que ha determinado tu personalidad es la herencia sociocultural, incluida la educación. De esta parte te recomiendo que describas las enseñanzas que aprendiste en la escuela, en el seno de tu hogar o en las otras instituciones que frecuentabas como iglesias, clubes u otras organizaciones intermedias de la sociedad civil. Particularmente enfócate al área de los valores y hábitos buenos o virtudes que interiorizaste.

El tercer elemento determinante de tu carácter es el medio ambiente donde transcurrió tu niñez y adolescencia.

Rememora las etapas de tu vida

Para reencontrarte y valorarte a ti mismo, en busca de tu auto afirmación para salir del anonimato, te invito a que hagas un viaje en retrospectiva por todas y cada una de las etapas de tu vida.

Sitúate en tu primera infancia. Has memoria de tus primeros pasos, tus primeras palabras, tus recuerdos de la niñez; acuérdate cómo eran tus padres, tus hermanos y familiares con los cuales te criaste.

Revive las fiestas y tertulias que compartiste con tus seres queridos en el seno de tu hogar. Recorre con tu memoria todos y cada uno de los lugares que frecuentabas de niño; rememora qué había en esos lugares, qué hacías ahí y porqué te gustaba ir a esas partes.

Refresca en la imagen de tu memoria a tus amigos de la infancia y trata de recordar los juegos con los que te divertías y en los cuales pasabas largas horas de esta preciosa etapa.

Repasa tus experiencias vividas en la escuela y acuérdate de las enseñanzas de tus maestros y de los libros que leíste. Disfruta del recuerdo de los juegos y canciones que aprendiste.

Acuérdate que, como dice el refrán, *la familia es la primera escuela y la escuela es el primer hogar*. Por lo tanto, las experiencias vividas en tu primera infancia seguramente te han marcado de por vida, de tal suerte que en el *disco duro* de tu memoria hay material suficiente para comprender tu comportamiento actual, por lo cual es muy importante rescatar los valores interiorizados, mismos que forman parte valiosísima de tu patrimonio personal y son herramientas poderosas para lograr tu auto afirmación y salir del anonimato.

Ahora bien, una vez que hayas recordado los episodios más relevantes de tu infancia, prosigue de igual manera con los recuerdos de tu adolescencia, posteriormente de tu juventud y por último de tu madurez.

Segundo Paso: Diseña tu carta de valores.

Para salir del anonimato y darte a conocer al mundo, lo primero que tienes que hacer es conocerte bien a ti mismo.

El antiguo adagio de la filosofía griega que reza *"Conócete a ti mismo"* sigue teniendo vigencia. La tendrá siempre.

Como parte de tu auto evaluación, te sugiero que describas con precisión tus *experiencias, tus conocimientos, habilidades, dones y talentos*

Toma una hoja de papel en blanco y un lápiz y aplícate a diseñar tu carta de valores, que no es otra cosa que tu tarjeta de presentación o el inventario de los activos con que cuentas en este momento para auto afirmarte y salir del anonimato.

Experiencias	Conocimientos	Habilidades	Dones y Talentos
Describe en esta columna todas las experiencias que recuerdes y que te han dejado marcado de por vida.	Enlista en este apartado todos los **conocimientos generales** que has aprendido como producto de tu experiencia de vida. Describe, también, los **conocimientos especializados**, tales como: cursos, diplomados, maestrías, pláticas, seminarios, etc.	Anota en esta columna todas tus habilidades; es decir, lo que sabes hacer como producto de tus conocimientos generales o especializados.	Describe en esta parte todos aquellos dones y talentos que reconoces como tus valores más profundos; aquellos que han sido inscritos en tu ADN personal desde el momento de tu concepción

A estas alturas, seguramente te estarás preguntando, ¿para qué me sirve este ejercicio?

Bueno, en primer lugar, te servirá para que cuentes con un inventario idealista de tus fortalezas o valores que tienes a tu alcance para dar al mundo, y hacer realidad tu sueño, al mismo tiempo que ayudas a los demás a cristalizar los suyos.

En segundo lugar, podrás contar con un inventario realista acerca de tus conocimientos y habilidades que puedes poner a trabajar en el área que corresponda y que esté en sintonía con tu propósito, para intercambiarlos por la remuneración que necesitas para satisfacer todas tus necesidades y las de tu familia, para ser libre financieramente y forjar el patrimonio que te permita vivir una vida abundante y feliz. La vida de tus sueños.

Ahora bien, comprende que, por los efectos de la Ley de la Compensación, según Ralph *Waldo Emerson*, el dinero que ganes siempre estará determinado por:

- La necesidad por lo que tú hagas u ofrezcas (tu servicio o producto)
- La habilidad con lo que lo ejecutes, y
- La dificultad para reemplazarte

Por eso es básico que entiendas la importancia de contar con un inventario realista de tus fortalezas. Es lo que te hace único e irrepetible y hasta cierto punto insustituible, ya que no hay otra persona en el mundo idéntica a ti.

Sin embargo, debes entender que tus *experiencias, conocimientos, habilidades, dones y talentos* deben estar alineados a tu propósito de vida, para que puedas auto afirmarte, salir del anonimato y darte a conocer e impactar la vida de los demás.

Tercer Paso: Escribe y auto publica tu propio libro.

Desde tiempos inmemoriales, y a pesar de los avances de la Tecnología moderna y la era de las comunicaciones y el internet, un libro sigue siendo el mejor vehículo para salir del anonimato.

Recuerda que *"Tú tienes un mensaje muy importante que dar al mundo y es tu deber morar hacerlo"*, como dice mi mentor Mario Corona, y tu mensaje te hará salir del anonimato. Escribe tu propio libro para proyectarte y darte a conocer al mundo.

Seguramente te estarás cuestionado: ¿cómo puedo Yo escribir un libro, puesto que no soy escritor? Te confieso que esta es una idea limitante que yo también tenía.

Pues para tu asombro, te comento que ninguno de los autores de este libro somos escritores y sin embargo, hemos hecho nuestro mejor esfuerzo para compartir contigo a través de este libro, nuestra visión y experiencia personal como emprendedores novatos de cómo tú puedes salir del anonimato; un tema de prioritaria importancia si deseas dejar huella y trascender al paso por este mundo.

Si no sabes cómo diseñar y escribir tu libro, te recomiendo ampliamente que contactes a Mario Corona, quien ha enseñado a más de diez mil personas - entre los cuales se encuentra tu servidor- a escribir y auto publicar su propio libro, en la Plataforma de Amazon.

Ahora que ya tienes el inventario de tus fortalezas y además cuentas con un libro que es tu mejor carta de presentación, debes entender que es el momento de salir del anonimato e impactar la vida de todas las personas que estén dispuestas a escuchar tu historia para aprender de tu experiencia de vida.

Tú ya has encontrado un método o un camino; es decir, una forma particular de hacer las cosas o de resolver un problema o de explotar un proyecto y tu experiencia personal le servirá de guía orientadora a muchas personas en su proceso de desarrollo personal.

El cuarto paso que a continuación te voy a sugerir, es de trascendental importancia en tu proceso de auto afirmación y de salir del anonimato. Se trata de la importancia de vivir tu vida en propósito.

Cuarto Paso: encuentra tu propósito y cumple tu misión.

Una vez que seas consciente de tus fortalezas: conocimientos, experiencias, dones y talentos, debes alinearlos a tu propósito de vida.

No tendría ningún sentido conocerte y autoafirmarte si no sabes hacia dónde vas a dirigir tu vida; o, más bien, cual es el sentido de tu existencia o para que estás en este mundo.

Recuerda lo que dijo el gran Ralph Waldo Emerson: *"existen dos fechas importantes en tu vida; la primera es el día en que naciste y la segunda el día en que descubres para qué naciste"*

¿Quizá a estas alturas te estarás preguntando, cual es la importancia de encontrar un propósito de vida y en que me ayudara para salir del anonimato?

A continuación, te daré algunas pistas.

Primero, porque encontrarás la razón de tu vida.

Al develar tu propósito vas a explicarte el significado de tu vida y vas a conocer la misión que se te ha encargado al venir a este mundo. Encontrar el propósito es descubrir el *porqué* de tu existencia. El sentido de tu vida.

Eso te permitirá ponerle color, sabor, entusiasmo y pasión a lo que hagas.

Segundo, porque simplificarás tu vida.

Sin lugar a dudas, una de las razones más comunes del fracaso es la dispersión en la vida. Con frecuencia nos vemos envueltos en el remolino de la existencia con un montón de planes y proyectos en mano, sin lograr concretizar ninguno por falta de propósito y enfoque.

El identificar con toda precisión tu propósito te va a simplificar tu vida, porque te va a permitir enfocarte en lograr tu sueño y te facilitará el proceso de salir del anonimato. El enfoque te dará la oportunidad de permanecer en la ruta correcta, sin distraerte en los estorbos del camino; además, te ayudará a concentrar tus esfuerzos, perseverar y persistir en el logro de tus objetivos.

Tercero, porque vivirás con satisfacción y gratitud.

Al ser consciente de que tienes una responsabilidad trascendental qué cumplir, una tarea ineludible que nadie va a hacer por ti, aumentarás tu motivación y la felicidad será tu compañera.

Cuando aprendas a vivir tu vida en propósito te vas a diferenciar de la gran mayoría que viven entre las masas, controlados por el jefe, presionados por el tiempo y dirigidos por el reloj; la diferencia es que tú te dedicarás con pasión a realizar lo que amas en la vida y eso te mantendrá motivado, siempre con alto nivel energético, porque serás un ser consciente de la importancia de su misión.

Además, vivirás tu vida con satisfacción y gratitud, porque en lugar de vivir como robot una vida clonada de otros, harás cada día lo que amas y usarás todo tu potencial, lo que te permitirá tener el control de tu vida y, sobre todo, tendrás la plena seguridad de que estás impactando al Universo con tus dones. Recuerda que al venir a este mundo tu Creador te dotó con unos talentos por los cuales debes rendir cuentas. ¿Conoces esos talentos? ¿Qué has hecho de ellos?

Cuarto, porque convertirás tu profesión en tu misión.

Lo más maravillosos de vivir tu vida en propósito es que te permitirá hacer de tu profesión una misión. Hay una gran diferencia entre trabajar profesionalmente por un sueldo o salario y trabajar con pasión en una profesión, consciente de que tu labor impactará positivamente a las personas; además, dejarás huella mientras laboras. El mundo que dejes al partir será mejor que aquel que te vio nacer.

¿Ahora entiendes por qué es tan importante vivir la vida en propósito?

Tienes un porqué, o una razón para vivir; entonces, la vida se torna más sencilla y además cuentas con la gran ventaja de que disfrutas del camino mientras transitas haciendo lo que amas.

Entiende que hay una gran diferencia entre trabajar por un sueldo o salario y trabajar por un ideal. Quien trabaja solo por una recompensa monetaria no ha entendido que ha venido a este mundo a cumplir con una misión trascendental; por el contrario, quien vive su vida orientada por un propósito digno, a su ingreso físico (sueldo-salario) agrega el ingreso psíquico, que es un ingrediente esencial de la felicidad.

Ahora que has entendido la importancia de vivir tu vida en propósito, seguramente te estarás diciendo a ti mismo: sí, esto está muy bien, lo entiendo perfectamente, pero ahora oriéntame para descubrir ese famoso propósito.

¿Cómo puedes descubrir tu propósito?

Una de las pistas nos la da Paulo Coelho en su libro *El alquimista*:

"...Existe una gran verdad en este planeta; seas quien seas o hagas lo que hagas, cuando deseas con firmeza alguna cosa, es porque este deseo nació en el alma del Universo. Es tu misión en la tierra... cumplir su leyenda personal es la única obligación de los hombres. Todo es una sola cosa. Y cuando alguien quiere alguna cosa, todo el Universo conspira para que realice su deseo".

Una de las primeras señales para descubrir tu misión es escuchar *la vocecita interior*, tu conciencia, que te indica aquello que deseas con firmeza, lo que te gusta hacer, lo que amas ser y hacer en la vida.

Ahora es importante que entiendas que para lograr destacar y salir del anonimato es indispensable unir capacidad y vocación, pasión y talento.

Ken Robinson describe magistralmente esta verdad en su libro *El Elemento: descubrir tu pasión lo cambia todo*:

"Cuando nos apasiona lo que hacemos y además tenemos la preparación adecuada para hacerlo bien, estamos en nuestro elemento; un estado en el que trabajamos sin cansancio y con gran creatividad".

Conclusión:

Al iniciar este capítulo, partimos de la afirmación de que hemos venido este universo a cumplir una misión.

Para cumplir dicha misión, cada uno de nosotros contamos con ciertos dones y talentos con los cuales Dios, o la Inteligencia Infinita nos han dotado de origen. Adicionalmente, en el devenir de nuestra vida hemos ido adquiriendo conocimientos y experiencias que conforman nuestra historia personal. Es decir, contamos con una herencia biológica y una herencia socio cultural que nos da nuestra identidad personal.

Es tu responsabilidad descubrir el propósito para el cual has sido creado y cumplir a cabalidad la misión que te fue encomendada.

En términos objetivos, el sentido de toda vida humana es el servicio. Independientemente de la profesión que practiques, el trabajo en que te desempeñes o el producto que vendas, el objetivo siempre debe estar centrado en ayudar a los demás a resolver sus problemas y/o solventar sus carencias.

Tu vida tiene un sentido. Servir. Ayudar. Tú tienes las herramientas necesarias para cumplir tu misión. Es tu responsabilidad conocer tus fortalezas para ponerlas al servicio de tus semejantes.

Para cumplir con tu misión, debes primero auto afirmarte. Elaborar tu carta de valores que es tu "oferta". Pero no puedes impactar la vida de los demás si nadie te conoce; si nadie conoce tu oferta. Para tales efectos, debes salir del anonimato. Hay muchas formas de hacerlo. Yo te he sugerido una de ellas, que es escribiendo tu propio libro.

Espero que estas ideas que he compartido contigo te sirvan como una luz en tu camino de desarrollo personal y autoafirmación.

Tu historia es muy valiosa; única; irrepetible y hasta cierto punto, insustituible. Anímate a contarla al mundo, escribiendo tu propio libro, como vehículo para darte a conocer.

Espero pronto conocer tu historia y aprender de ella.

Espero encontrarme contigo en la cima…allá donde es irrespirable el aire a los cobardes.

Cómo Salir del Anonimato

CAPÍTULO 7
LA IMPORTANCIA DEL MARKETING YOU EN MI VIDA.
Por Rodolfo Franco Jara

Cómo Salir del Anonimato

LA IMPORTANCIA DEL MARKETING YOU EN MI VIDA.

Por Rodolfo Franco Jara / Emprendedor y Experto en Finanzas Personales.

Todos vendemos algo, no existe nadie que no venda nada, hasta un empleado vende su tiempo por dinero, aun cuando queremos tener amigos o una relación de pareja vendemos la idea de que somos el tipo de persona con la cual es bueno relacionarse.

La forma en que somos percibidos por las demás personas, si o si, nos hace rentables en todas las área de nuestra vida, sea que tengamos un empleo lineal, pues de ello depende que tu empleador te dé una oportunidad o un ascenso, si somos auto empleados, los clientes te escogerán, para un dueño de negocios o inversionista, trae consigo las mejores oportunidades y alianzas que derivan contratos rentables, incluso aún si lo que deseamos es tener una mejor relación de pareja el Marketing You®, es un facilitador para manifestar lo que queremos dentro de nuestra vida.

En mi experiencia antes del taller, desconocía la importancia de la imagen que perciben las demás personas de nosotros. Todas las personas con las cuales tenemos contacto, no solo nuestra audiencia puede dar fe del tipo de personas que somos, hoy en día, debido a las redes sociales los contactos de mis contactos tienen un acceso fácil y sencillo a los perfiles de cada persona y lo que se sabe y dice de cada uno de nosotros.

En todo ese potencial de audiencia se encuentran las personas que necesitan todos aquellos productos y servicios en las cuales yo puedo ayudarles, ellos me buscan en base a la imagen de mi marca que yo les proyecte.

Dentro de estas oportunidades se encuentra un rio de posibilidades para nuevos negocios, inversiones, compradores, amigos, socios que pueden ser quienes potencialicen todas las áreas de mi vida.

La meta de mi imagen.

Sin lugar a dudas es influir en las personas, llevarlas del punto A al punto B, influir de tal forma que el sistema de creencias limitantes en torno a las finanzas, vayan siendo transformadas en aquel grupo de personas que va dirigido mi mensaje.

Es un reto grande, ya que cada persona ha sido formada a lo largo de su vida con experiencias, con enseñanzas de sus antecesores, con cultura de la región donde viven han formado un contexto donde mucha información puede ser derramada, por esta razón es gradual, para que vaya ampliando su mentalidad.

La intensidad

En mis mensajes, el tema sobre creencias del dinero toca las emociones más sensibles de las personas que mueven sus sentimientos, pues todas las personas tenemos una relación con el dinero como si fuera una persona, tenemos sentimientos hacia él de abandono, escases, injusticia etc., mi finalidad es que adquieran una emoción que genere una nueva creencia abundante fundamentadas en argumentos sólidos.

Tiempo

Todo el tiempo con el mensaje que estamos enviando, estamos sembrando semillas, aunque no la puedas ver, esta dará fruto, por esta razón es muy importante tener una constancia en transmitir el mensaje, estar bien enfocados en la meta que perseguimos sin desviarnos del mensaje original, persistir, aunque en el proceso, no tengamos resultados de forma inmediata los, ser consistentes en la misma intensidad siempre y sin duda permanecer.

Recomendaciones para crear tu marca personal

Es muy común cuando empezamos querer imitar o hacer las cosas igual a las personas que admiramos o hemos aprendido de ellos, pero si queremos hacer una diferencia entre nuestros competidores cercanos es necesario ofrecer una diferencia que nos haga únicos.

No todas las personas conectan con todos, hay un mercado afuera como un océano, que alguien querrá de lo que cada uno tenemos, pues se siente identificado o simplemente quiere de la energía que tú le transmites.

Puede haber muchos expositores, que hagan las mismas cosas, transmitan el mismo mensaje, pero el hecho que seas tú; genuino, congruente, tu esencia, hace notar la diferencia.

Como crear una percepción de tu marca personal

A) Transmite Mensajes Claros

Qué las personas tengan la claridad de lo que obtendrán de mí, todas aquellas cosas que les puedo aportar, pueden ser; calidad, cierto tipo de resultado. En mi caso es una expansión de mentalidad, para:

1. Deseen vivir de una manera diferente
2. Crean que es posible
3. Deseen aprender a generar recursos y la posibilidad de ser socios.
4. Que los resultado prometidos sean ciertos, se convierten en argumentos sólidos.

B) Utilizar todos los canales existentes, maximizar todas las herramientas

Los tiempos han cambiado, en el pasado solo te generabas una marca cuando tu reputación iba por recomendación de boca en boca, uno a uno cuando tratabas a las personas, esto sigue siendo cierto, sin embargo, con todos los medios existentes, la forma introductoria y maximizada con menor tiempo es por medio de todas aquellas páginas y opciones que se abren gracias al Internet.

En mi caso estoy en el proceso de integrarme al manejo de más páginas existentes para tener mayor alcance y resultados. La cantidad de personas por las que somos vistos y escuchados podemos vincularlas con historias poderosas que siempre influirán en la forma como nos perciben.

Por esta razón es muy importante pensar en un perfil de persona los cuales son tus mercados meta, para que seas concreto a cómo te vas a dirigir. No todo mundo es nuestro mercado, en mi proceso en aprendido que mi mercado son aquellas personas que desean un estilo de vida diferente financieramente hablando, pero no saben cómo hacerlo.

Influir sobre las creencias de todo este tipo de personas es la parte difícil, más no imposible.

Cuando realmente deseamos un resultado evidente, sin duda no podemos rodear o brincar el proceso de la persistencia y consistencia, donde el tiempo es quien sella el proceso de la siembra de semillas que a su tiempo darán un fruto fuerte, lo que nos lleva a conseguir el resultado deseado, obviamente sin variar el mensaje

La razón por la cual es este entrenamiento

Si logramos construir una imagen de marketing personal certera, es difícil que sea destruida. Para esto contamos con piezas claves a utilizar.

1.-Enfoque

Es la parte estratégica, se divide en tres: objetivo, segmento y mensaje. Es decir, a dónde quieres llegar, a quien vas a llegar y que mensaje les vas a dar, ser específicos, para determinar a dónde quieres ir.

En este apartado tuve que planificar antes, tener claridad en mi para saber la parte donde me quería enfocar, pues cuando queremos transmitir un mensaje podemos perdernos en muchas variantes en el camino, como se dice si no conocemos la meta no sabremos el camino hacia donde queremos llevarlos.

2.-Mensaje

Cuando definí mi mensaje tuve que aplicarme en todo lo expuesto anteriormente dado, la claridad primero en mi de la meta es vital, ya que el mensaje en la columna vertebral de todo el sistema de Marketing You®, la forma en que lo transmito es vital, innovar, ser creativo, claro sin perder la esencia que me caracteriza y siempre estar comunicando los siguiente;

Promesa, cuando transmito un video o un mensaje les anuncio les hago la mención de lo que obtendrán por ver mi mensaje.

"En este video, vas a aprender..., como hacer... que ellos sepan a donde los quiero llevar.

Contarles mi Historia, que ellos sepan el proceso por el cual he pasado, que es lo que me da la autoridad para enseñar eso que prometo. En mi caso, en los emprendimientos que he tenido tuve muchos aprendizajes, pues no cuentan como fracasos si aprendí de ellos.

Estos declives me llevaron a educarme financieramente, tuve una peletería, una microempresa de yogurt y derivados y una microempresa de botanas. Los conceptos eran buenos a mis ojos y mi experiencia de aquel tiempo, pero las viejas creencias limitantes no me llevaron a buenos resultados y con la falta de conocimiento de educación financiera, me dio como resultado, relaciones personales poco exitosas, ahorros perdidos, depresiones.

Ciertamente con escases no ayudamos a nadie ni siquiera a nosotros mismos.

Hoy en día tengo un par de activos pasivos e ingresos de capital y sigo educándome cada vez más en herramientas, habilidades y mentalidad, para la creación de nuevos activos.

Garantía o argumento,

La garantía que lo que mi marca les representa es el resultado que están teniendo personas que les he ayudado en su proceso. Por ejemplo, hay amigos que han emprendido un camino distinto, al compartirles mi mensaje.

3.-Contenido,

En resumidas cuentas, como lo vimos anteriormente, tiene que ver con dar vida al mensaje, presentarse en todos los medios que existen. Este mensaje contiene argumentos (mi experiencia), educación, es fin, es todo el contenido de valor que les quiero enseñar a mi audiencia, sobre el tema que vas a mostrarles y educarlos por medio de tu metodología, con una prueba social son los testimonios de vida de las personas que has ayudado, también podría ser tu experiencia en empresas.

4.-Marca.

Mi marca no solo es un nombre o logotipo vacío, sino que al ser mencionado o visto mi nombre o marca hace una conexión en la mente de quien me percibe con todas las emociones y sentimientos que le generan al identificarme.

La gente debe tenerme en la mente a la hora de querer solucionar un problema en el área de mi experiencia, aunque no me estén viendo.

Mi marca contiene tres elementos:

Posicionamiento. En qué lugar de la lista te encuentras en la preferencia de tus clientes y/o audiencia. En el área financiera aún estoy en el principio, sin embargo, ya me empiezan a buscar personas para que los oriente sobre cierto tipo de inversiones.

En mi experiencia en otros negocios esta parte la tengo aún más comprobada, pues mis clientes, saben mi nombre y mi contacto y me buscan recurrentemente en cuanto surge un problema a solucionar en el área específica.

Branding. Es la imagen que quieres proyectar a tu audiencia, la forma en que te vistes, tu lenguaje visual y verbal, definir un estilo especifico, hay personas que manejan un estilo que es confrontador, otras les resulta siendo muy exigentes, otras por el contrario su estilo es moverse con seguridad.

En esta área hice varios ajustes, no solo es cambiar el perfil de las redes sociales, sino, tu presencia física, lenguaje verbal y la forma en que te comunicas con los demás. La imagen también tiene que ver con la forma de interactuar con tu audiencia, como vas a conectar, si manejas una relación cercana, solo un trato profesional o solo tratos exclusivos.

La suma de todos los factores, nos da un sello personal.

Las relaciones

Dentro de las relaciones es importante que reciba de tu ayuda en tres momentos claves, una relación siempre tiene que progresar de nivel, se da cuando reconocen que eres una persona confiable, una persona que en esencia es apreciada. Puedes tener las tres cosas, por el valor que agregas a sus vidas, por ser tú y por el contenido que les das.

Está bien no ser perfecto, nadie confía en una persona que aparenta que todo está bien.

Storytelling

¿Cuál es la historia que tienes para contar? De dónde vienes, tu historia de vida, es decir tú antes y después, tu proceso de cambio y lo que te llevo a hacer lo que ahora estas aportando a tu audiencia.

Antes del taller de Marketing You®

La carta de presentación hoy en día es tu perfil que muestras en las redes sociales. Cuando una persona quiere saber quién es su nuevo empleado, socio, pretendiente, amigo, proveedor de servicios y/o productos, por instinto busca en sus redes sociales para saber quién eres.

Dentro de estas páginas se encuentra una radiografía completa de quienes somos, detrás de cada like, reacciones y comentarios a cada publicación, mensajes compartidos hacen referencia de cómo pensamos, lo que hacemos y quienes somos.

Es muy fácil reconocer que tipo de deporte es tu preferido, afinidad con partidos políticos y religiosidad, el estilo de tus publicaciones a la manera de juicio, enojo, intolerancia y queja, lejos de beneficiarte, te envuelve en discusiones o conversaciones que no agregan ningún valor a la vida de otras personas, solo forman la imagen de una persona que divide y la percepción de cómo eres visto es bastante dañada.

En esta área, fue el primer paso que decidí cambiar. Desarrollé mi capacidad de observarme y reconocer que no contaba con una página sana, por lo tanto, mi estilo de publicaciones daba una imagen de mi persona que no me beneficiaba, así que decidí, borrar todas aquellas publicaciones que perjudicaban la imagen que quería transmitir.

Tomar responsabilidad tiene todo que ver con renunciar a echar la culpa a otros de todo lo que acontece, eso incluye dejar de quejarse en tus redes sobre gobiernos, futbol, parejas, la vida, las finanzas.

Tomar responsabilidad es decidir que el pasado es aprendizaje, el presente lo vives, que el futuro tu eres el responsable de crearlo con tus hechos actuales.

Por lo tanto, asumí que lo único que quería hacer en mis redes es agregar valor y usar estas nuevas herramientas de internet para sumar en lugar de restar, un ganar – ganar, donde yo aporto valor y recibo de vuelta gratificación en audiencia que, en algún punto, me compraran algo.

Fue en este punto donde decidí que todas mis publicaciones irían enfocadas en ayudar a las personas a cambiar su mentalidad, así como yo lo estaba haciendo. Allí afuera existen muchas personas esperando por información, cambios, formación y experiencias que yo puedo aportar, presentar soluciones en lugar de quejas y de cómo si se pueden hacer las cosas.

Estas personas al igual que yo en su momento, están fracasando en sus emprendimientos por falta de conocimiento, es allí donde yo puedo aportar cosas a sus vidas, porque es una historia que yo he vivido de primera mano en mi camino dentro del emprendimiento.

Cuando tienes un aprendizaje, no hay pérdida, el crecimiento se da paso a paso, de manera constante, ser visto todo el tiempo, sembrando valor cada vez, aportando todo el tiempo. Esto sin duda rinde un fruto muy grande a su debido tiempo.

Hoy en día mis páginas están inyectadas de crecimiento personal y financiero, es así como quiero ser visto. Sigo trabajando en aplicar las mismas conductas y acciones que enseño a la audiencia para ser una persona congruente en mi forma de vivir con la imagen que muestro en mis redes.

Desarrollo y aplicación de Marketing You.

Después del taller de Marketing You® aprendí a alinear mi forma de expresarme con mi forma de actuar, pues la congruencia, honestidad e integridad son vitales para la imagen que presentamos delante de las personas.

Si bien no es cierto que nadie es perfecto, el pretender dar una imagen de que no existe margen de error, es un tropiezo, pues tu imagen se ve afectada eso no puede ser creíble de ninguna manera, es más genuino mostrar quién eres realmente. Admitir que existen ciertas áreas de tu vida en las cuales sigues trabajando, habla de credibilidad.

En mi caso, que las personas supieran de mi historia de vida, era una situación que me causaba un conflicto interno y aprendí que mucha gente puede conectando conmigo pues cuento con una historia donde no todo fue miel sobre hojuelas, sino, una historia llena de procesos, de errores y aciertos, de quiebres, pero también de la fuerza y valentía para volver a intentar proseguir a la meta. Creo que mi historia puede inyectar a la vida de otra: esperanza, fuerza y sobre todo inspiración cuando estoy siendo congruente al hablarles genuinamente.

El taller de Marketing You® me empujo a confrontar mis emociones y mi mente programada a creencias limitantes sobre mi persona, que me impedían seguir avanzando, descubrí que tenía mucho miedo al juicio, al rechazo de mis conocidos y amigos, sin embargo, descubrí que la mayoría de veces es solo mi percepción, que lo que creemos que nuestra audiencia hará con nosotros en realidad es lo que nosotros mismos percibimos de nosotros, que hay ciertas áreas donde uno mismo se rechaza o nos juzgamos de más.

Mi primera experiencia en transmisiones.

Cuando me atreví a subir redes sociales transmisiones de los temas en los cuales quería aportar valor a las personas me encontré con las siguientes verdades:

1. Todos tenemos algo que aportar.
2. Es bueno tener detractores pues ello nos ayuda a tener más audiencia y aprendizaje de las múltiples formas de pensar.
3. No se nace sabiendo y la experiencia y resultados se logran tomando acción.
4. Cuando no tomamos acción y no enseñamos lo que sabemos, estamos siendo egoístas, pues venimos a este mundo a servir.
5. Al hacer las transmisiones me di cuenta que cuando la intención es correcta, todas las cosas van encajando pues no se trata solo de tener seguidores o compradores, sino, una intención genuina de agregar valor y ayudar a las personas.
6. Pude reconocer mi propósito de vida, que es el asunto más importante de todo ser humano, pues una vez que lo encuentras y te viertes en ello, tus finanzas, tu salud y hasta tus relaciones exitosas son una consecuencia de la gratificación por ello.

Hoy honro la vida de mi Mentor y amigo, Mario Corona, quien creo yo es el mejor en el tema de Marketing You®.

Mi agradecimiento total por sus enseñanzas y valor agregado a un servidor.

CAPÍTULO 8
COMO PASAR DE ESTILISTA EXITOSA A CONFERENCISTA EXITOSA
Por Myriam Santana

Cómo Salir del Anonimato

COMO PASAR DE ESTILISTA EXITOSA A CONFERENCISTA EXITOSA

Por Myriam Santana / Estilista y Conferencista.

El solo pensar que dejaría la silla de cortar el cabello y soltar el control del salón sería una locura, aun no entendía la diferencia entre auto empleado y dueño de salón.

En ese tiempo pertenecía a una gran empresa en México que se dedicaba a abastecer productos para salones de belleza, yo me dedicaba a compartir educación a estilistas de diferentes países.

Y tenía credibilidad total con mis colegas, era inspiración para viajar, para salir a impartir mi experiencia de mi salón y ser reconocida internacionalmente.

Se identificaban porque soy una chica que salió de una colonia polvosa trabajando en la sala de su casa, mis hijos crecieron entre los cabellos tirados en el piso, trabajaba a todas horas, la diferencia era que tenía claro a donde quería llegar,

Estudiaba todo lo que podía en mis horas libres, enfocada al 100 %

Pasando mis miedos y soltando la flojera, hasta hoy el mantenerme incomoda me ha llevado a superar mis metas, cuando empiezo a sentirme muy estable veo que me falta movimiento y empiezo de nuevo a crear.

A la vez a lo largo de este camino, aprendí que el mantenerme estable emocionalmente, tranquila de mi corazón me apoya a crear nuevos proyectos y trabajar apasionadamente en ellos, antes confundía la comodidad con estabilidad en tu vida.

Y cuando hablaba de incomodidad era algo negativo, ahora descubrí que la incomodidad con estabilidad emocional enfocada y encausada a mis objetivos me lleva a superar mis metas y me deja energía para seguir creando más y todas las piedras que vea en mi camino las utilizo de aprendizaje y al final terminan apoyándome más, claro que eso pasa solo con la estabilidad emocional.

Realmente fácil no ha sido, una estilista que trabaja todo el día sobre la cabeza de su clienta, es como un hámster, trabajando durísimo y toda su vida gira alrededor de solo sus clientes, pasa el tiempo y recuerdan que no se arreglaron en navidad o ano nuevo, que siempre en fechas especiales estaban cansadas y de malas y al final los clientes se terminan yendo con un nuevo estilista,

Claro que eso no lo ves PORQUE NO HAY TIEMPO DE VERLO

Requieres hacerla de recepcionista, plomera, la que va al súper, administradora y contadora, la líder de tus colaboradores y muchas veces la mama de ellos, realmente solo estas enfocada en el trabajo más que en tu casa,

Y la tarea más difícil no fue pasar de estilista exitosa a conferencista exitosa realmente es conferencias de belleza y cursos soy muy reconocida. el problema fue cuando elegí el camino de entrenamientos de cómo manejar nuestros salones de belleza de una manera consciente y armoniosa ser financieramente libres y tener tiempo de calidad para nuestras familias.

Me di cuenta que el estilista es 100% visual le gusta ser el mejor en lo que hace para ofrecer el mejor servicio al cliente , aunque le cueste muchísimo asistir a los cursos , poco les interesa el tema de retorno de inversión o como poder monetizar lo aprendido , y lo veo porque nosotros nos movemos por la imagen , el ego y pensamos que si vamos con un estilista de alguna famosa a un curso , cobraremos lo mismo que él o ya en el peor de los casos en nuestra mente inconsciente pensamos como si fuéramos nosotros los que peinamos a esa famosa solo por ir a un curso del estilista que se cree a veces más que la estrella que peina, maquilla o le hace color.

A veces un estilista deja de pagar la renta o el pago de los productos con los que hace su trabajo es la parte más importante del salón, y aun así dejan de pagar por subir la foto que estuvieron ahí en ese curso, hay un grave problema de PERTENECER.

Tampoco nos damos cuenta que algunas marcas de belleza abusan con promociones falsas porque no hay educación en gastos fijos y proporciones de material por servicio en pocas palabras no hay conocimiento en cuanto cuesta realmente cada servicio y así tener una base de cuanto cobrar al cliente, entonces llegan las compañías de productos y le venden con viajes o eventos que si sacaran los costos se darían cuenta que NO les es rentable.

Aquí es donde inicia mi trabajo como beauty business coach y que se imaginan que un día era estilista, al siguiente daba cursos de corte de cabello y de la noche a la mañana les quiero decir cómo pueden manejar su negocio, a pesar que tengo un largo recorrido entrenándome con los mejores del mundo, porque para ser la numero uno requiero capacitarme con los numero uno.

Empecé con Jurgen Klaric me gusto era la única estilista que, en esa certificación, después me fui con Carlos Muñoz cada día aprendía más de marketing y ventas

Empecé a tener amistades de otros negocios diferentes al mío y empecé a ver otros panoramas y descubrí el entrenamiento con Tonny Robins y Robert Kiyosaki.

Y conocí a Mario Corona el creador de que yo este escribiendo, ya tenía todas las tablas me faltaba dirección, así fue como inicié en Marketing You® y empecé a encontrar valor a mis conferencias.

Tenía el conocimiento, pero aún no sabía que haría con tantas ideas en mi cabeza.

NACE MYRIAM SANTANA BEAUTY BUSINESS COACH

Con muchas cosas en contra, paso a pasito, sigo aprendiendo, pero ahora accionando, estoy en una industria donde las finanzas solo son importantes para gastar, pero poco nos importa la inversión.

Estamos en una industria donde nos ensenan que el mejor estilista es el que trae el mejor carro aunque no tenga para pagarlo y no duerma de la preocupación por tantas deudas, pero el lucir bien es lo más importante.

Es mejor invertir en un curso con un famoso que cambiar de tijeras.

Es mejor gastar en bolsas ropa y chácharas que invertir en productos que al venderlos ganas mucho más.

Es mejor ver a los colaboradores como rivales cuando son buenos que dejarlos crecer y que te generen más ganancia y tiempo para ti

Donde es muy caro invertir en un programa para administrar digitalmente el negocio.

Donde es caro pagarles a tus colaboradores un curso de ventas.

Donde suena ridículo hacer actividades fuera de horas de trabajo para mejorar la armonía e ir sobre un mismo objetivo, limpios de energía.

Donde no es importante capacitarte para tener mejor trato al cliente.

Donde la rotación de personal contante es porque el colaborador es normal.

El mundo de nosotros los estilistas yo lo llamo que es una isla donde todos vivimos y es tan diferente a otros negocios, lo más extraño es que es problemas latinos y todo hace referencia a nuestro sistema de creencias.

Generalizamos los problemas, no los solucionamos elegimos quejarnos, y seguir en el mismo circulo vicioso como hámster.

La salida para todos los problemas es la capacitación, aceptar que requieres apoyo y buscar a un experto que te apoye en solucionar el problema.

Colaboradores irresponsables, deslealtad, deshonestos, falta de palabra y compromiso, flojos, sin iniciativa, áreas sucias, desarreglados, impuntuales, estos y muchos más problemas tenemos en los salones, se van unos vienen otros y seguimos con los mismos problemas, que necesitas hacer ¿? CAPACITARTE CON EXPERTOS.

Aquí es donde empecé a trabajar en un entrenamiento para dueños de salones, barberías, negocio de unas, maquillajes, ventas de productos, ahora a mis entrenamientos van diseñadores, restaurantes pequeños, boutiques etc.

A veces queremos hacer todo y no se puede porque para crecer necesitas a un equipo.

Y un equipo unido, armonioso, organizado con comunicación y dirección hacia los mismos objetivos.

Aquí fue donde nació el entrenamiento para colaboradores que le llamo team work.

Donde los dueños de salón y su equipo de trabajo defines sus objetivos metas y proyectos anuales, donde te das cuenta las limitaciones que tienes y fortalezas de cada integrante.

Y como dice el dicho todo empieza en casa, Myriam Santana empezó con sus hijos, haciendo equipo, deslindando responsabilidades y tareas, creando una familia armoniosa y divertida, enamorándolos a que jugaran conmigo el juego de ganar-ganar, enseñándoles como negociar.

Cuando vi que sin darme cuenta ya lo había hecho también en el negocio.

Fue cuando dije es hora de divertirnos en el entrenamiento team work que compiten los integrantes del salón y mis hijos son el staff.

Sin darte cuenta las soluciones se empiezan a dar dentro de ti como líder de equipo con tu estabilidad emocional, porque empiezas a crear empatía con los demás, ya dejas de accionar a los problemas con las emociones de manera visceral, empiezas a pensar antes de actuar, esa es la clave para que tu equipo de trabajo crezca.

En este medio no te preocupas por crear un plan de negocios ,mucho menos de hacer una investigación de mercado o simplemente cuanto será tu inversión y en cuanto tiempo se retornara , solo se tiene la pasión por abrir el negocio sin importar nada ,solo hacer bien tu trabajo, porque aún muchos salones ven este negocio como un hobbie, cuando eres el dueño abres y cierras sin horario , no tienes fijos los días y empiezas en la sala de tu casa ,la mayoría de las veces ,atiendes en ropa de deporte con una pinza con las que cortas el cabello en tu cabeza , con ojeras porque no te dio tiempo de maquillarte mucho menos de desayunar , después te enojas con tus colaboradores por llegar impuntuales, llegar sin maquillaje , y no limpiar sus áreas de trabajo ,cuando tu como dueño les ensenaste que esas acciones son permitidas .

Realmente es mucho trabajo en este negocio, se requiere estudiar diariamente, crear empatía con los clientes y colaboradores sin que esto rebase los límites permitidos para el crecimiento y la estabilidad de tu negocio.

Aquí no solo es crecer, es aprender a mantenerse.

De un 100% de negocios de salones o barberías que se abren al año solo el 35% siguen abiertos y a los 5 años solo el 15% sobrevive. ¿Porque pasa esto?

LA IMPORTANCIA DE MARKETING YOU®

La tecnología nos ha rebasado, algunos salones aun no tienen su marca personal, muchísimos salones no tienes redes sociales y solo se enfocan en trabajar bonito, se olvidan que la mayoría de las ventas son por redes.

¿Qué publico quieres atraer a tu negocio?

Aprendí que a cómo te manejas con las redes sociales manejas las edades de tus clientes en tu negocio.

El ejemplo más claro es que si vendes tus productos por Instagram y fan page, tus clientes serán los que vean tu trabajo en redes, pero aún hay muchísimos salones que aún no cuentan con redes y sus clientes son las mismas y no amplían su mercado, por esta razón abren salón los millennials y rápidamente crecen, solo porque de manera natural saben manejar la tecnología.

Somos una marca, y aun no nos damos cuenta , tanto que no nos damos el valor en la sociedad, un arquitecto, un licenciado tiene más valor por su carrera aun cuando el estilista en muchas ocasiones ganen más o igual que un profesionista, realmente el negocio de belleza tiene ingresos superiores a cualquier carrera, la diferencia es que sus ingresos son diarios y no de administra, se gasta en lo primero que se atraviese, sus gastos son por emociones, no se tiene un presupuesto semanal para gastos, el resultado son deudas en el negocio, a los mismos proveedores que son los que hacen que se multiplique su dinero, vendiendo los productos o usándolos en los servicios de salón.

No se hacen estrategias para cuando hay meses bajos, no se hacen juntas anuales con los colaboradores, para organizar las promociones, vacaciones, días festivos, capacitaciones y nuevas propuestas de cada uno para llegar juntos a un objetivo y crecer juntos dentro del negocio.

Realmente llevamos nuestros negocios de una manera ciega, solo viviendo al día, sin ningún tipo de planeamiento.

Y solucionando la problemática diaria sin ir a la raíz, los clientes juntos manejan nuestro tiempo totalmente, y lo ignoramos, porque nos olvidamos que tenemos una vida después del salón

Así como está cambiando el mundo este medio requiere urgentemente rediseñar la manera como se maneja el sistema interno y externo de los negocios de belleza.

Para esto necesitamos parar y despertar a la realidad de tus finanzas actuales y futuras.

Lastimosamente a veces no nos gusta darnos cuenta de nuestra economía porque nuestro cerebro no tiene diferencia en la realidad y lo que suponemos que existe.

En el momento que te ves como marca personal separas como ves tu negocio, ya dejas de verlo como hobbie y empiezas a venderlo y valorarlo invirtiendo más en tu persona y en tu cerebro.

¿Sabías que eres la fuente de todo lo que pasa en tu negocio?

Por eso mi insistencia en que emocionalmente debes estar estable, porque tú eres la raíz de la energía, la pasión, el compromiso, la responsabilidad y las ganas de crear cosas diferentes, si tu llegas de malas a tu negocio, generas una energía tan negativa que no se ve pero se siente, la sienten tus colaboradores, la sienten tus clientes y es como una barrera que no te deja respirar mucho menos hacer equipo porque el equipo se hace con todos los integrantes del negocio incluyendo a tus clientes.

Somos negocios donde manejamos ego, somos viscerales 100% somos artistas y como artistas tenemos más desarrollado el lado derecho del cerebro, sonadores, nos dejamos guiar por la imagen, los colores las texturas, nos encanta hablar, la música, nos gusta el riesgo por eso abrimos negocios de belleza sin pensarlo. Imagínate si todo esto lo utilizáramos a nuestro favor, el ego seria para empoderar a nuestros clientes, lo sentimientos para la atención al cliente, los artistas para crear y dejar de copiar lo que hacen los demás estilistas empezando a ponerle tu marca en cada diseño de color o corte que inventes.

El Marketing You® seria detallar la foto que subes a redes porque eres tú reflejado en cada servicio, eres cada uno de tus colaboradores por esta razón cuidas que estén trabajando en un lugar armonioso y estén ganando dinero, eres el reflejo de la limpieza de tu negocio, eres el reflejo de tu vida privada que subes a redes, existe la congruencia entre lo que haces, lo que vendes y lo que eres.

El día que captes esto empezaras más a cuidar tu entorno, tus acciones y tu comportamiento, entenderás que te llevara al éxito y que acciones te alejaran de él.

A lo mejor aún no entiendes este concepto, pero es real la congruencia estará reflejada en tu ambiente laboral social y familiar, no te asustes no estoy diciendo que no debas de irte de fiesta y divertirte, claro que tienes derecho hacerlo, pero si al siguiente día tienes un compromiso y aun así te desvelas y tomas alcohol sin importar el mañana pues veras los resultados a largo plazo quizás en el momento no los notes, pero el compromiso y la responsabilidad es más importante si tu meta es salir de la carrera del hámster, trabajar sin disfrutar solo quejándote para pagar tus deudas, de eso está lleno el planeta, de personas insatisfechas, y solo son felices con cosas externas.

Así que este negocio solo el 5% logra sentirse pleno, feliz y realizado apoyando a los demás por una cosa simple sabe a dónde va y disfruta el camino aun con todos los baches y perros ladrando a un lado, aun con las personas que te aman y te jalan hacia atrás por miedo a perderte, aun con todos tus miedos de hacer todo lo correcto y sentir que vas solo y te quieres regresar y eliges seguir, seguir y seguir callando tu mente y solo paso a paso ver tu objetivo más cerca y llegar a él y ponerte una meta nueva y como ya eres de los 5% todo empieza a darse de manera natural a esto lo llamo cambios de 10 segundos que transforman tu vida ,

Cuando tu marca personal se apodera de ti eliges lo que más te convenga para crecer, muchas personas me preguntan que como logre salir de la colonia polvosa y tener un salón grande exitoso y que se sigue manteniendo con lo años y que ahora puedo dirigirlo a distancia sin que interfiera en los ingresos yo les respondo.

COMO PASAR DE AUTO EMPLEADO A DUEÑO DE SALÓN.

CREÍ EN MI MARCA PERSONAL dejé de ser Myriam Santana la estilista que todos los clientes quieren atenderse con ella y empecé a EDIFICAR a cada uno de mis colaboradores como si fueran yo, ¿me costó trabajo? Si y mucho, primero con los estilistas para que creyeran en ellos y dirán un servicio espectacular como si fuera yo misma. El segundo problema fue que los clientes se adaptaran a otras manos que no fueran las mías.

Primero fue ir adaptando al cliente al nuevo estilista, yo seguía atendiéndolo, pero ya estaba alguien más, dándole el servicio junto conmigo.

Después empezaba la edificación del estilista con el cliente para que crearan una empatía, realmente mi visión era que confiaran en ellos como en mí, les mostraba como les gustaba que los atendieran y les decía si por algún motivo yo no puedo, aquí esta esté estilista lo hace igual o mejor que yo.

Etiquetaba el trabajo con el nombre de quien me apoyo y no ponía el mío, creamos una estrategia de marketing digital, MOSTRANDOLES COMO HICIERAN SU PROPIA MARCA PERSONAL DENTRO DE MI NEGOCIO.

Este fue una bomba con todos mis colegas de otros salones porque intentar crearme miedo, con sus experiencias, por ejemplo, me decían se van a ir, se van a llevar a tus clientes, los van a seguir y va a ser más fácil encontrarlos etc.

No me importo seguir con mi visión de soltar el control y darle un escarmiento a mi ego de artista inalcanzable que tenía, empecé a ver que cada estilista de mi salón empezaba a creer en su marca, cuidaba lo que subía a redes y sin pensarlo, ya podía dejar el control del salón y crear cosas nuevas para mi lejos de él.

La capacitación constante en atención al cliente, tendencias y la más importante que nadie ve: CREAR UN AMBIENTE DE TRABAJO ARMONIOSO, DIVERTIDO, FELIZ, AMOROSO Y QUE APARTE GENEREN DINERO.

PARA VENDER NECESITAS ENERGIA

Entre más leía, más me entrenaba, más sentía mi cuerpo, mejor me sentía y más vendía.

Las ventas no se tratan solamente de algo físico, personas te compran no solo con dinero, te compran tu energía, tu pasión, tu entrega, en cualquier servicio y para esto debes cuidar tu alimentación, tus pensamientos y acciones y la consecuencia de todo esto es que quieren ir a tu salón, te siguen en redes, ven tus historias, compran los productos que vendes y confían en tu equipo.

Cuando alguien me dice que no sabe vender y veo que vende su victimes sus escases, su enojo o su timidez, su ignorancia o sus enfermedades y su entorno le compra todo eso lo compadece y a cambio le dan amor y atención, le digo CLARO QUE SABES VENDER solo que estas vendiendo lo que te hunde más en la depresión mediocridad y deudas.

¿Imagínate que vendieras para ganar?

A veces no nos damos cuenta nuestros hábitos lo que hacemos inconscientemente y constantemente y eso nos lleva a un resultado presente.

Obsérvate:

¿Estás feliz con tu cuerpo?

¿Estás feliz con tu trabajo?

¿Estás feliz con tus finanzas?

¿Estás feliz con tu pareja?

Si algunas preguntas te respondiste honestamente: no

Tú eres el responsable de estos resultados, nadie más.

Y todo es consecuencia de nuestras acciones diarias y constantes.

Te tengo otra pregunta: Que es lo que te ha llevado hasta aquí ¿Cuáles son tus hábitos diarios que te tienen aquí en este presente que no estas pleno y feliz?

Son tus decisiones, las que tomas a la primera hora de la mañana, esa decisión de ir a tu negocio o donde trabajas y llegar con toda la buena vibra, y hacer que tu día sea lo más productivo posible, empezar a ver áreas de oportunidad en cada cosa que pase ¿sabes porque pasa esto? Porque estas abierto a todo estas despierto consciente a lo que pasa a tu alrededor y las necesidades y accionas a que se realicen, es como tener un tercer ojo y ver más allá de los que ven los demás, ahí es donde te vendes, vendes tu estado de ánimo para al ofrecer tus servicios o productos, las personas no te compran por lo que ofreces, compran tu energía de cómo lo ofreces.

Te tengo un regalo.

Cuantas veces te dan nervios y no sabes cómo controlarlos cuando tienes una entrevista, una cita, o algún evento importante y cuando esto pasa LA MENTE SE PONE EN BLANCO, te sudan las manos y tu corazón se acelera, empieza tu mente a pensar, pero solo cosas negativas.

Tales como:

Y si no se presenta a la cita y si no le gusta (mi proyecto, mi producto, mi servicio, o yo) y ¿si me equivoco? En fin hay mil pensamientos que pasan por nuestra mente en cuestión de segundos, esos pensamientos nos llevan a sentir una emoción tú eliges que tipo de emoción quieres sentir, de poder o de derrota.

UN SECRETO MAGICO PARA ESTAS SITUACIONES.

1.- Brinca, muévete, durante 5 minutos sin parar.

Esto te apoya a generar la energía natural que tiene nuestro cuerpo

Mueve tus pensamientos negativos y poco a poco van desapareciendo tus inseguridades, empieza tu corazón a acelerarse con pasión y energía.

2.- Respira, profundo hasta tu cabeza y exhala lentamente hasta tus genitales tu mente sentirá poco a poco que se aclaran las ideas.

3.- Párate con tu espalda recta, esto te apoya a sentir poder sobre ti.

4.- Relájate.

Estos puntos me has ayudado en los momentos cuando entra el pánico y no me siento segura, aparte de esto tengo un mantra un contrato de vida de quien soy y me lo repito tantas veces hasta que mis pensamientos negativos se callen y fluya la mujer poderosa que soy.

MI NOMBRE ES MYRIAM (di tu nombre).

Y SOY UNA MUJER (o un hombre).

SEGURA, RESPONSABLE, APASIONADA, SENSUAL, EXITOSA, AFORTUNADA Y PODEROSA (di tu contrato el que te haga sentir seguro).

Te mejor amigo es tu mente y sus pensamientos.

Pero si no lo sabes manejar puede convertirse en tu peor enemigo.

Para poder crear tu marca personal requieres tomar en cuenta todos estos puntos porque debe siempre existir la congruencia entre lo que dices y lo que haces.

Reconocer quien verdaderamente soy, me apoyo a encontrar la dirección en mis proyectos y disfrutar el camino.

Me falta muchísimo por aprender, siempre estoy dispuesta con la mente abierta, Mario Corona, abrió una ventana en mi mente que no conocía, crear mi marca personal yo antes pensaba que solo era un nombre y ya, y no, ahora observo mis acciones y si ellas me están llevando a mis metas, requiero estar enfocada y disciplinada, porque estoy abriendo un parteaguas en mi mundo de estilismo, que es crear conciencia en vivir libres financieramente y mantener un equipo armonioso jugando el juego de ganar-ganar.

Y lo mejor a compartir a los demás con mis acciones como crear su marca personal.

Como salir del salón, respirar y darte cuenta que tienes una vida afuera, una familia muchísimas áreas de oportunidad y que cada evento que pagues tenga un retorno de inversión en menos de un mes.

Que cuando tú faltes tu negocio no cierre, porque nos ha costado muchísimo, tiempo dinero, pasión y energía.

Que el día que te enfermes no se cierre el salón y sigas generando.

Que aprendas a invertir inteligentemente como LA TEORIA DEL SOBRE AMARILLO que doy en mis conferencias de transforma tu negocio de belleza.

Que aceptes que la tecnología avanzo y la manera como manejas el salón evoluciono.

El día que vendas por redes no solo esperar a que un cliente llegue y mientras ves tus novelas favoritas o chismeas por What´s App.

El día que entiendas que este negocio de la belleza se está transformando.

Que requerimos estar protegidos, con seguros de gastos médicos, con seguros para el retiro, porque el tiempo se nos va en una silla.

La única manera de salir de ser un hámster es saliendo de esa cajita, respirar y ver con vista panorámica todas las fallas de nuestro negocio, sin miedo, a que se salga la estilista que trabaja muy bonito, pero es irresponsable y con mala actitud.

Avanza sin miedo, con la mente estable sigue evolucionando.

Cuesta a veces, te lo digo por experiencia escucha a las nuevas generaciones y aprende de la tecnología.

Espero encontrarte en mi camino a ti que estas en constante evolución

Myriam   Santana.

Cómo Salir del Anonimato

Cómo Salir del Anonimato

www.ingramcontent.com/pod-product-compliance
Lightning Source LLC
Chambersburg PA
CBHW071402210526
45465CB00001B/219